CHIARA DYNYS

CHIARA DYNYS

Testi di / Texten von / Texts by Dieter Ronte

CHARTA

Progetto grafico / Gestaltung / Design
Gabriele Nason
con / mit / with Daniela Meda

Coordinamento redazionale / Verlegerische Koordination / Editorial Coordination
Emanuela Belloni

Redazione / Redaktion / Editing
Charles Gute
Silvia Maiandi
Alessandro Prandoni

Traduzione / Übersetzungen / Translation
Pete Kercher
Scriptum srl

Ufficio stampa / Press- und Öffentlichkeitsarbeit / Press Office
Silvia Palombi Arte & Mostre, Milano

Produzione / Produktion / Production
Brunazzi&Associati, Torino

Coordinamento Tecnico / Technische Beiordnung / Technical Coordination
Giovanni Brunazzi

Prestampa / Druckvorstufen / Pre-press
CTM, Computer To Magic, Torino
Arti Grafiche Martinetto, Romano Canavese, Torino
Gruppo Samor, Pianoro, Bologna

Stampa / Druck / Print
Grafiche Ferrero, Romano Canavese, Torino

Carta / Papier / Paper
R4 matt satin 170 g/m^2 (catalogue)
R4 gloss 300 g/m^2 (cover)
Cartiere Burgo

Referenze fotografiche / Bildnachweis / Photo Credits
Giulio Buono, Torino; Saverio Lombardi Vallauri, Milano; Antonio Maniscalco, Milano; Enzo Pezzi, Ravenna; Carlo Valsecchi, Milano.

Ci scusiamo se per cause indipendenti dalla nostra volontà abbiamo omesso alcune referenze fotografiche.

Wir möchten uns für nicht angeführte Fotoreferenzen entschuldigen.

We apologize if, due to reasons wholly beyond our control, some of the photo sources have not been listed.

ISBN 88-8158-356-9

Edizioni Charta
via della Moscova, 27
20121 Milano
Tel. +39-026598098/026598200
Fax +39-026598577
e-mail: edcharta@tin.it
www.chartaartbooks.it

Printed in Italy

Ringraziamenti / Danksagungen / Acknowledgments

Arte Invece, Milano;
Assessorato alle Politiche Giovanili, Ravenna;
Associazione Culturale Mirada, Ravenna;
Centro Provinciale per la Formazione Professionale, Ravenna;
Galleria Monica De Cardenas, Milano;
Galleria De Crescenzo & Viesti, Roma;
Galleria Fumagalli, Bergamo;
Museo Cantonale d'Arte Contemporanea, Lugano;
VAF Stiftung, Frankfurt.

Inoltre / Außerdem / Also

Danna Battaglia;
Giulio Buono;
Giusy Cambiaggio;
Alberto Cassani;
Lorenzo Cefis and Giovanni Morelli (BRW & Partners);
Maurizio Cortesi;
Gianluca Costantini;
Rodolfo Danielli;
Lisa Dradi;
Volker Feierabend;
Marco Franciolli;
Alessandro Gaieni (China Town);
Manuela Kahn Rossi;
Ettore Lariani;
Letizia Lionetti;
Giancarlo Olgiati;
Moni and Elisa Ovadia;
Luciana Savignano;
Girolamo Sirchia;
Elettra Stambulis;
Carlo Valsecchi;
Milena Vukotic.

Sommario / Inhalt / Contents

Chiara Dynys

Dieter Ronte

L'affermazione secondo cui ai giovani riuscirebbe tutto più facile è priva di fondamento. Il retaggio della storia infatti si fa sempre più pesante. La nostra epoca ama la cultura della globalità. L'estetica è diventata come un *fast food*, dove tutto si consuma rapidamente e viene immesso in Internet per garantirgli una sorta di eternità. Nell'universo della rete si trova molto, forse troppo o semplicemente tutto ciò cui non si riesce a dare altra collocazione; qui si riflette la coscienza di una società mediatica, una coscienza astorica, incapace di maturare gusti e orientamenti personali.

Con tutto questo devono misurarsi i giovani artisti che non vogliono chiudere gli occhi sulla realtà che li circonda, ma essere invece al passo con i tempi e svolgere un ruolo attivo nel panorama artistico. Diversamente dai loro colleghi negli anni del dopoguerra, rifiutano qualsiasi vincolo, odiano le limitazioni imposte dallo stile, la prigione dei temi, le restrizioni delle norme da loro stessi dettate. Li anima, invece, un desiderio di libertà senza confini: cercano, accettano, respingono, agiscono d'impulso, con risultati sorprendenti che spesso sovvertono i canoni della pittura tradizionale; non che questa sia agonizzante, tuttavia, il fatto di aprirsi a nuove realtà può contribuire a restituirle vitalità ed energia.

Chiara Dynys appartiene a questa nuova generazione di artisti in dialogo con il mondo, che opera in ideale comunione con tutti gli uomini che popolano la terra. Una generazione che pensa in termini di continenti, culture, e linguaggi. I frutti di questo approccio all'arte possono essere venati di poesia, come di un'aspra crudezza; intrisi di sogni o portavoce di istanze concrete. Il livello culturale di tali creazioni è necessariamente elevato. Non siamo di fronte a ingenui *outsider*, ma a personaggi in grado di incarnare l'ideale del *pictor doctus* dell'Ottocento. Come avveniva in epoca rinascimentale, nei riguardi della società, il pittore soddisfa, con la sua creazione, non solo un'esigenza estetica, ma anche un bisogno di conoscenza.

L'arte di Chiara Dynys contempla materiali diversi e piani della realtà differenti, il singolo oggetto come un intero ambiente, nuove tecniche, la fotografia e l'alluminio come supporto creativo, opere dalla realizzazione immediata accanto a opere frutto di una complessa elaborazione. Si muove libera e le sue creazioni sembrano in cerca di spazi da occupare in questo o in quel modo, serie o giocose, tonde o quadrate, tridimensionali o piatte. Formula segrete allusioni al linguaggio, ponendo al centro della riflessione intellettuale i rituali della società e seguendo le proprie peculiari, sapienti intuizioni. Sfrutta la capacità associativa della gente, mostrando una certa irriverenza, dettata dal rifiuto di qualsiasi tabù, tanto nelle scelte artistiche quanto in quelle tematiche. Tutto ciò rende quest'arte estremamente innovativa e vitale.

Un tema, tuttavia, si è rivelato centrale fin dal principio. Non si tratta del tradizionale tema dell'Io, del ripiegamento su stesso e sulla propria vicenda di artista, ma di una riflessione sull'uomo o la donna qualunque che, nell'ambito della nostra società, sperimentano diverse situazioni di confronto. Tali situazioni vengono rielaborate per essere espresse a livello figurativo. L'ego dell'artista retrocede per lasciare in primo piano la creazione che a sua volta funge da proiezione del suo alter ego. Questo dialogo di specchi è fondamentale per comprendere l'arte di Chiara Dynys. L'opera esplica la sua azione autonomamente sollecitando l'attività cognitiva del fruitore che, a sua volta, interagisce con essa occupandola o utilizzandola. Al fruitore viene chiesto di mettere a frutto le sue personali esperienze nel contesto di queste nuove originali creazioni.

L'arte di Chiara Dynys si ispira al principio che la realtà non è reale e che la realtà rappresentata può sostituirsi alla realtà effettiva. In tal modo l'artista coinvolge nel processo creativo i diversi gradi di realtà del reale. Servendosi della riproducibilità tecnica del reale, fa sì che la realtà rappresentata diventi una forma, un'ombra, e, analogamente a quanto accade nel romanzo di Adalbert von Chamisso *Der Mann ohne Schatten* (La meravigliosa storia di Peter Schlemihl), ci si trovi di fronte a un'opera d'arte "con o senza ombra".

Chiara Dynys concepisce, abbozza e traduce in opera d'arte, affrontando questioni sempre nuove legate alla teoria, alla storia, all'esperienza personale, alla vita quotidiana, alla produzione industriale o alla creazione artistica. La trama di fondo su cui opera è estremamente variegata e, pertanto, richiede rettifiche costanti.

La vitalità di quest'arte trae alimento dal vissuto personale della Dynys. Il bagaglio culturale dell'artista non diventa sovrastruttura teorica che rischia di farla astrarre dalla realtà, quanto piuttosto si configura come una fonte di verità, cui attingere con la consapevolezza della sua finitezza, e che informa di sé l'opera d'arte. Con facilità e immediatezza questo carattere di verità viene trasferito in ogni lavoro, dando l'impressione che i precetti dell'arte possano essere rinnovati costantemente. La "volontà artistica" (A. Riegl, 1904) diventa principio ispiratore della creazione e non cifra stilistica. Il fine dell'opera sostituisce qualsiasi sua obbedienza a norme precostituite.

Le opere di Chiara Dynys si distinguono anche per il fatto che in esse all'attività dell'artista e ai suoi relativi strumenti viene garantita una fruibilità più ampia e significativa. Per comprendere tale arte non sono necessarie didascalie che la introducano e la spieghino, basta soltanto uno spettatore intuitivo, disposto a lasciarsi trasportare e a immedesimarsi spontaneamente nella creazione con il suo carattere trascinante.

Tra l'artista e il fruitore non si frappongono la distanza dell'indecifrabilità o le barriere di un'estetica inaccessibile. La prima elabora in maniera interattiva; è il fruitore, in base alle proprie istanze ed esigenze, a stabilire quali distanze e quali barriere porre tra sé e l'opera d'arte.

Viene spontaneo a questo punto parlare del carattere democratico di quest'arte. Ma un discorso impostato in tali termini sarebbe fuorviante. L'espressione *opera aperta* – come ritiene Umberto Eco - sembra invece più adeguata a chiarire l'idea di fondo che ispira la Dynys. Democrazia nell'arte non significa rivendicazione di formule plebiscitarie o di principi maggioritari; il termine qualifica, piuttosto, l'atteggiamento dell'artista che cerca prepotentemente di affermarsi, ma nello stesso tempo ambisce a stabilire un contatto con lo spettatore che, dal canto suo, è pronto a proiettarsi nella creazione.

L'arte della Dynys non obbedisce ad alcuna norma stilistica precostituita, per questo è sempre diversa. Le sue opere sembrano creazioni di genio fluttuanti tra le onde della scena artistica contemporanea. Chiara Dynys, invece, queste onde le solca per abbordare, con la forza delle sue argomentazioni, temi delicati. Essa cerca di fissare nuovi punti di riferimento in un'epoca mediatica che di punti di riferimento sembra avvertire assai poco l'esigenza.

Chiara Dynys

Dieter Ronte

To say that young people have it easier is wrong. The ballast of history has grown enormous; our age loves encyclopaedias. Like fast food, aesthetics are quickly consumed, but they do get stored for posterity on the Internet. Already there is plenty there — maybe too much, or maybe not enough. In any case, this is where the conscience of a society with a media fixation is documented: a conscience without a history, without any preferences, without any taste of its own.

All this must be faced by young artists, who cannot simply turn away and pretend they know nothing about it. They must actively find their place in the current art scene. That is why, unlike their colleagues just after 1945, they avoid ties with movements or institutions. They detest stylistic restrictions, thematic bags of tricks, any obligation to self-imposed rules. Their thirst for freedom would appear to be inexhaustible. They research, assimilate, discard, quickly renegotiate, all with profound coherence, and often to an extent that leaves us speechless, that actually astounds the good old painters of yesterday. Not that painting was all worked out, but it has now found itself some partners with a zest for life, loads of vitality, and energy to spare.

Chiara Dynys belongs to this new generation of artists who have congress with the whole world, who take into consideration all their fellow beings on the face of the Earth: their countries, their continents, their cultures and languages. The results are both poetic and tangible; full of dreams and of concrete results. Her degree of knowledge is necessarily high. Socially speaking, she is not the stupid outsider, but instead like the nineteenth century ideal of the *pictor doctus*. The artist contributes not just to society's visual enjoyment, but also to its knowledge, a duty that was taken for granted during the Renaissance.

Chiara Dynys uses all manner of materials and varying degrees of reality, lone objects just as competently as entire rooms, fast media and also slow processes. She often employs the latest photographic techniques, using aluminum as an image support. She exercises full control over all aspects of the work, including the space itself, which the work usually takes over in one way or another, whether it is in a serious or playful vein, square or round, three dimensional or flat.

She formulates secret allusions to language, basing the work on critical meditations on society's rituals and her own curious intuition. She exploits society's expectations and is quite reckless when doing so, as she will accept no taboos herself, regardless of whether they are taboos of form or content. This guarantees that her art is always vital and fresh.

And yet there is one theme that has accompanied her project ever since the beginning. It is not the traditional theme of the artist's ego, i.e., the artist's process of thinking about herself, but rather, the process of thinking about her fellow humans engaged in all aspects of our society. She processes this empathy in order that it may manifest itself within the work. The artist as ego withdraws behind her art, which itself acts as a projection of her alter ego. This dialogue is critical to understanding her process. The works of art act outside themselves; they lead the observer's knowledge astray. The viewer is invited to contribute his or her own experience to the artist's new and unexpected vision.

This Milanese artist bases her activities on the maxim that reality is not reality, and that realistic imagery can replace reality. The work articulates different levels of reality within reality. Through technical manipulation of the reproduction, she allows reality to become merely a shadow in the image, as though there were such a thing as a work of art with or without a shadow, as in Adalbert von Chamisso's novel *Der Mann ohne Schatten* (The Strange Story of Peter Schlemihl), about a young man who sold his shadow to the devil.

The artist develops, designs and creates as a means of addressing the new problems that she has uncovered and studied in theory, history, personal experience, everyday life, the field of industrial design, and in the purely artistic artifact. The canvas on which she practices her craft is manifold, so that she is forever making changes.

Her work's vitality springs from her own life. What she discovers is not a theoretical construct, is not there for the purpose of being formally presented: it is a practical tool, intended to be made use of for a given amount of time — not for eternity — as a source of truth that precipitates reality in the work of art. There is no difficulty at all in conveying this characteristic of truth, as though it were forever dictating new precepts for art. The "desire for art" (A. Riegl, 1904) becomes a principle, not a style. The teleological replaces the binding force in iconography.

These works of art arrest the eye because the artist's methodology and the tools employed are all revealed for the purpose of further accessibility. There is no need for any mythology to cast these works into the correct interpretive light: all it takes is an intuitive observer who is prepared to accept what he sees and, because the nature of the work is all consuming, be able to process it intellectually.

Because Chiara Dynys does not apply Benjamin's "aura" of the work of art, she maintains no aesthetic distance that would enable the observer to gaze passively. The work is interactive. It is the observer who must decide the level of passivity or engagement, as a function of his own needs and requirements.

I ought now to have more to say about the democratic structures in Chiara Dynys' work. Yet I would be misunderstood. The *opera aperta*, the open work of art as

Umberto Eco had in mind, is perhaps closest to the underlying premise. Democracy in works of art is never a majority decision, but rather, the artist in the act of taking a firm position, ever ready for the viewer to embrace the work.

Because these works of art shun stylistic ties, they look different every time. They appear to be *objets d'art,* the result of riding the art scene's current trends. No, that is misleading! This artist consciously plows through these stylistic trends seeding delicate themes with solid arguments. She attempts to fix new points of reference in a media age when such reference points are seldom in demand.

Chiara Dynys

Dieter Ronte

Die Behauptung, die Jungen hätten es leichter, ist falsch. Der Ballast der Geschichte ist riesengroß geworden. Unsere Zeit liebt die Enzyklopädien. Die Ästhetik ist Fastfood geworden, sie verbraucht sich schnell; aber sie wird im Internet für die Ewigkeit abgespeichert. Dort steht dann vieles, vielleicht zu vieles oder nur einfach herum. Dort ist das Gewissen einer medial fixierten Gesellschaft dokumentiert; ein Gewissen ohne Geschichte, ohne Bevorzugungen, ohne einen eigenen Geschmack.

Dies alles steht vor den jungen Künstlern, die nicht so tun können, als ob sie das alles nicht kennen. Doch sie müssen modern sein und aktiv ihre Rolle in der künstlerischen Szene finden. Sie gehen, im Gegensatz zu ihren Kollegen nach 1945, deshalb keine Bindungen ein. Sie hassen die stilistische Einengung, die Schublade der Themen, die Zwänge der sich selbst gegebenen Gesetze. Ihr Freiheitsbedürfnis scheint unendlich groß. Sie recherchieren, nehmen auf, verwerfen, handeln plötzlich, dann mit großer Konsequenz und oft in einem Maßstab, der verblüfft, der den braven Bildermaler von früher geradezu erschüttert. Nicht dass die Malerei zu Ende wäre; aber sie hat Partner bekommen, die lebenskräftig, vital und energiegeladen sind.

Chiara Dynys gehört zu dieser neuen Generation von Künstlern, die mit aller Welt konferiert, die alle Mitmenschen auf dieser Erde mit bedenkt; ihre Länder, die Kontinente, ihre Kulturen und Sprachen. Die Ergebnisse sind poetisch oder hart; voller Träume ebenso wie von konkreten Ergebnissen. Ihr Wissensgrad ist zwangsläufig hoch. Sie ist gesellschaftlich nicht der dumme Außenseiter, sondern eher ihr *pictor doctus* - wiederum ein Ideal des 19. Jahrhunderts. Der Künstler trägt in der Gesellschaft zum Wissen bei, nicht nur zur Lust des Sehens - eine Selbstverständlichkeit in der Renaissance.

Chiara Dynys nutzt die unterschiedlichsten Materialien und unterschiedlichste Realitätsgrade, einansichtige Objekte ebenso wie ganze Räume, moderne, neue Techniken, die Fotografie und Aluminium als Bildträger, die schnellen Medien ebenso wie die langsamen Erarbeitungen. Sie turnt sozusagen frei über allem, wie ein künstlerisches Mobile, das sich die Räume aussucht, die sie so oder so besetzt, ernst oder heiter, quadratisch oder rund, dreidimensional oder flach.

Sie erinnert an geheimnisvolle Absprachen über die Sprache, sie stellt die Rituale der Gesellschaft in das gedankliche Zentrum und folgt dann ihren eigenen und gelernten Intuitionen. Sie nutzt die Assoziationskraft der Gesellschaft. Sie ist dabei rücksichtslos im Umgang, da sie selbst keine Tabus akzeptiert: Tabus im künstlerischen wie thematischen Bereich. Das garantiert ihrer Kunst eine große Neuigkeit und vitale Frische.

Doch ein Thema begleitet sie von Beginn an. Es ist nicht das traditionelle Thema Ich, der Künstler, also die Reflektion über sich selbst, sondern die Reflektion über einen

Mitbürger oder eine Mitbürgerin, die in unserer Gesellschaft die unterschiedlichsten Konfrontationen erfahren. Sie verarbeitet diese, um sie in sublimen künstlerischen Setzungen zu manifestieren. Die Künstlerin als Ego tritt hinter ihrer Kunst zurück, die ihrerseits als Projektion ihres alter ego fungiert. Dieser Dialog ist wichtig, wenn man die Arbeiten verstehen will. Die Werke agieren aus sich heraus, die verführen das Wissen des Betrachters. Der Rezipient kann teilweise mitagieren, indem er die Werke besetzt oder benutzt. Er ist angesprochen, seine eigenen Erfahrungen in die neuen und unerwarteten künstlerischen Visionen einzubringen.

Die Mailänderin handelt nach der Maxime, dass die Wirklichkeit nicht die Wirklichkeit ist, die Realität im Bilde aber die Wirklichkeit ersetzt. Sie aktiviert die verschiedensten Stufen von der Wirklichkeit der Wirklichkeiten. Sie nutzt die Hilfe der technischen Reproduzierbarkeit von Realität, sie lässt diese Wirklichkeit im Bild Schatten werden, so als ob es analog zu Adalbert von Chamissos Roman *Der Mann ohne Schatten* ein Kunstwerk mit oder ohne Schatten gibt.

Die Künstlerin entwickelt, entwirft und projiziert, um immer wieder neu Probleme aufzugreifen, die sie in der Theorie, in der Geschichte, in der Erfahrung, im banalen Leben, im industriellen Produktbereich, im höchst künstlerischen Artefakt erlernt und erlebt hat. Die Folie, auf der sie turnt, ist vielfältig, sodass sie ständig Korrekturen erzwingen.

Die Vitalität ihrer Arbeit basiert auf diesem eigenen Erleben. Das Erlernte ist nicht theoretischen Konstrukt, nicht dazu da, distanziert vorgetragen zu werden, sondern eine Vorgabe, die es auf Zeit -also nicht ewig - als eine Quelle der Wahrheit zu nutzen gilt, die sich in der Wirklichkeit des Kunstwerkes niederschlägt. Dieser Wahrheitscharakter wird von ihr leicht und unmittelbar transportiert, so als ob sie permanent neue Kunstgebote diktieren würde. Das Kunstwollen (A. Riegl, 1904) wird zum Prinzip - nicht zum Stil. Das Teleologische ersetzt die Verbindlichkeit der Ikonografie.

Die Kunstwerke zeichnen sich dadurch aus, dass die privatistisch-künstlerischen Tätigkeiten der Aktion und ihre eingesetzten Werkzeuge im Sinne einer weiteren und sinnvollen Benutzbarkeit mit dargestellt werden. Es braucht deshalb keine Legenden, die erklärend und propädeutisch die Kunstwerke in das rechte Licht rücken, sondern nur einen intuitiv und mitgehenden Betrachter, der sich automatisch in die Kunstwerke hineindenken kann, weil diese von einem aufsaugenden Charakter sind.

Chiara Dynys operiert nicht mit der auratischen Distanz eines Kunstwerks (Benjamin), sie suggeriert keine ästhetischen Entfernungen, die eine optimale Betrachtung ermöglichen. Sie denkt interaktiv. Die Distanzen und Entfernungen bestimmen die Betrachter selbst nach ihren eigenen Notwendigkeiten und Bedürfnissen.

Es läge jetzt nahe, von demokratischen Strukturen in der Kunst von Chiara Dynys zu reden. Doch dieses würde missverstanden. Die *opera aperta,* das offene Kunstwerk, entspricht vielleicht mehr diesem Grundgedanken, so wie es Umberto Eco gemeint hat. Denn die Demokratie in den Kunstwerken ist nicht Volksabstimmung, ist kein mehrheitlicher Beschluß, sondern immer noch eine harte Setzung der Künstlerin, die allerdings einen Betrachter sucht, der bereit ist, sich selbst in das Kunstwerk einzubringen.

Die Kunstwerke sind keine stilistischen Verbindlichkeiten eingegangen, sie sehen deshalb auch immer anders aus. Sie scheinen Kunststücke zu sein, artistische Ergebnisse auf den Wellen der Kunstszene und ihrer Produktion. Nein! Diese Formulierung ist falsch. Die Künstlerin durchfurcht selbst die Wellen der Kunst, sie setzt mit Konsequenz harte Argumente in ein weiches Feld. Sie versucht, neue Standpunkte zu fixieren in einer medialen Zeit, in der Standpunkte so wenig gefragt sind.

p. 20-23
untitled, 1992

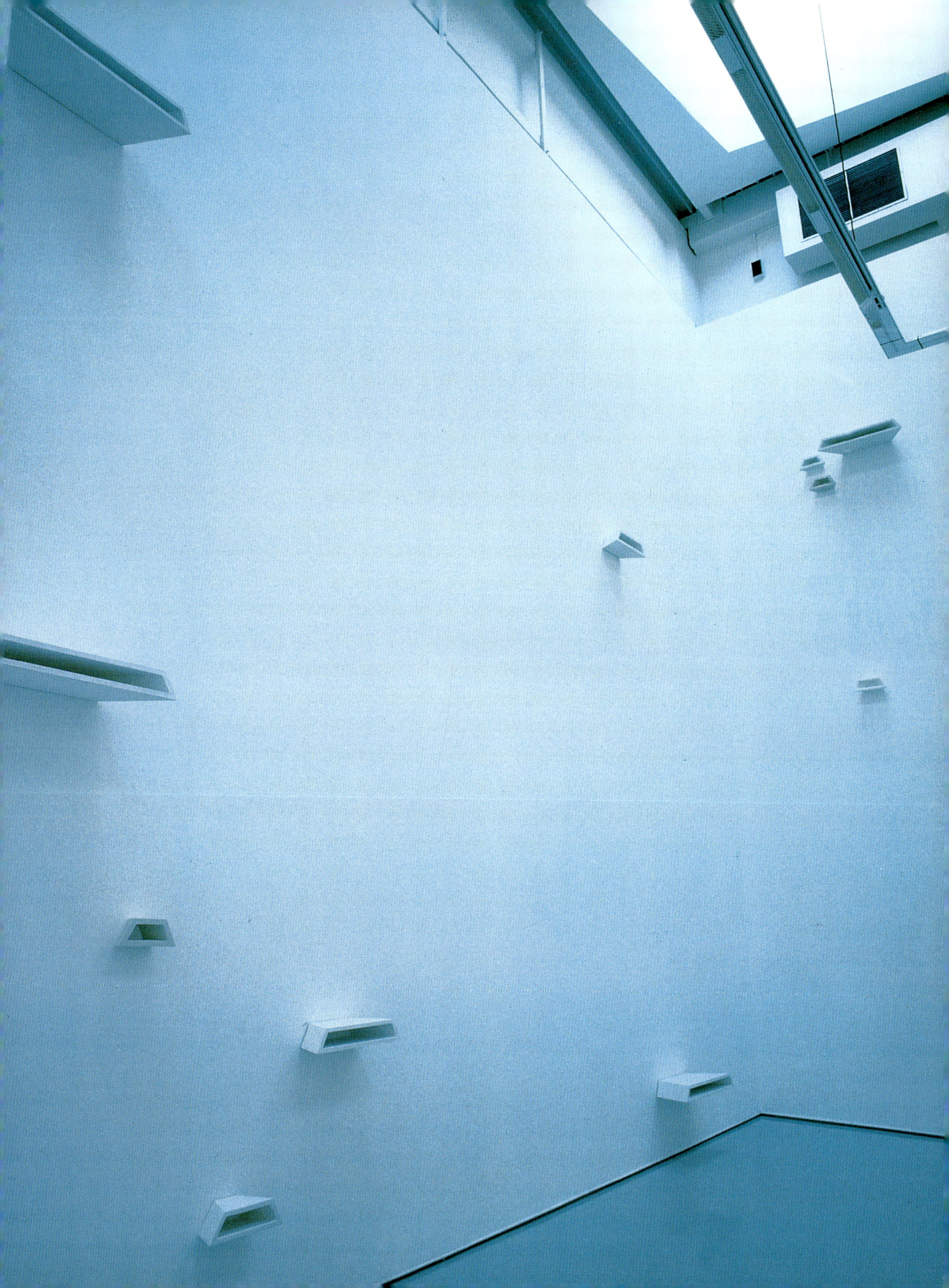

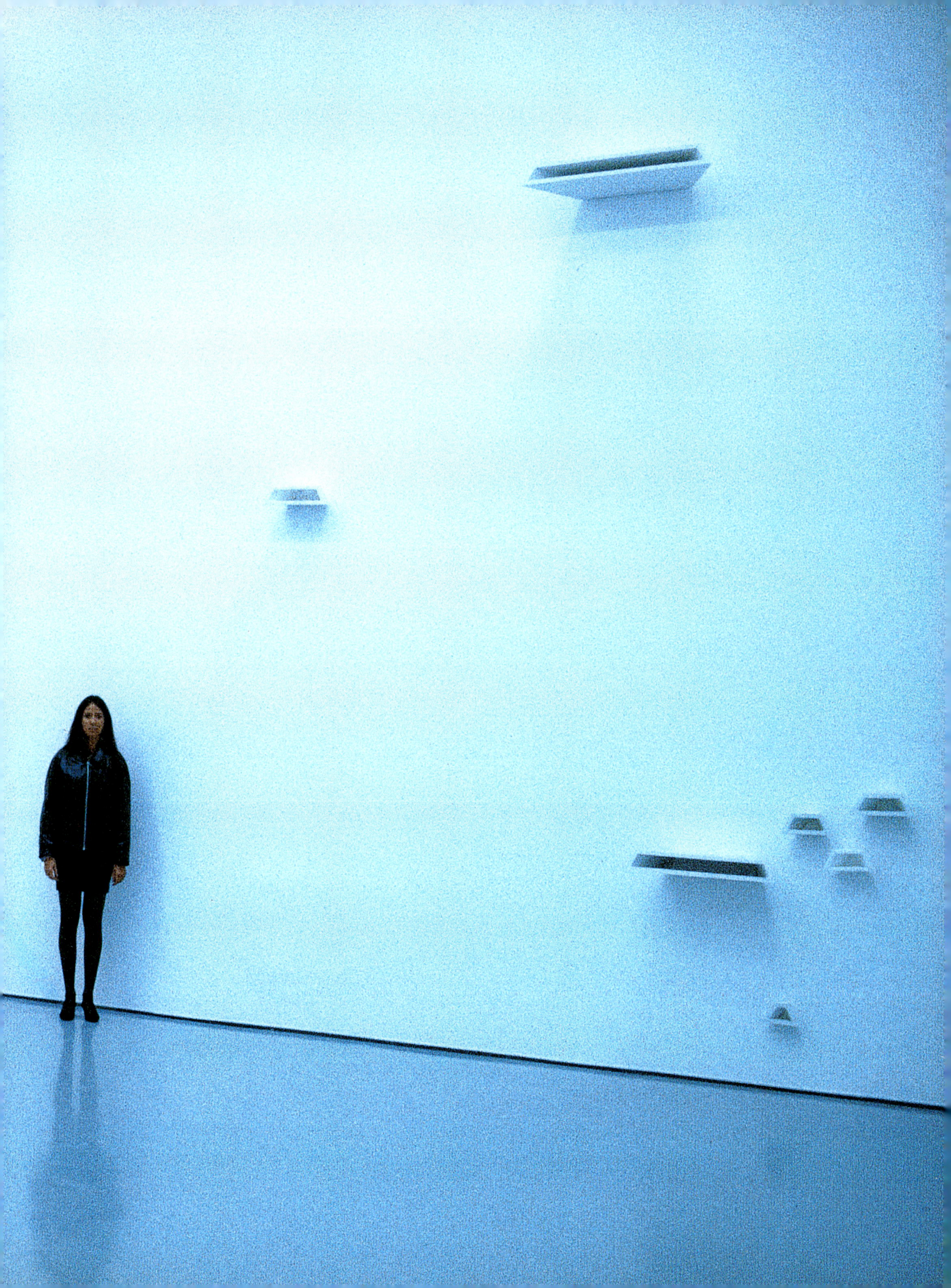

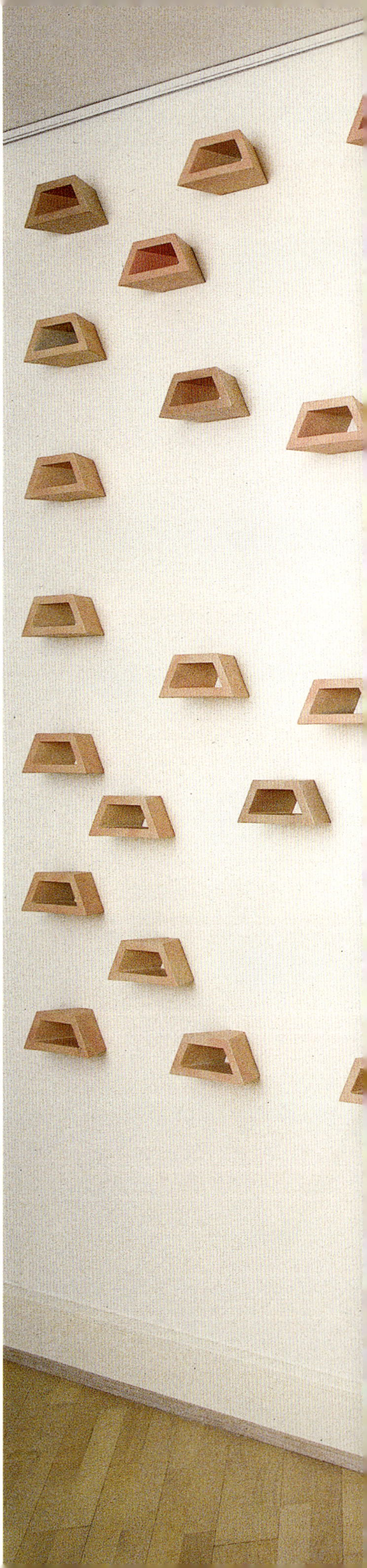

p. 24-25
untitled, 1992

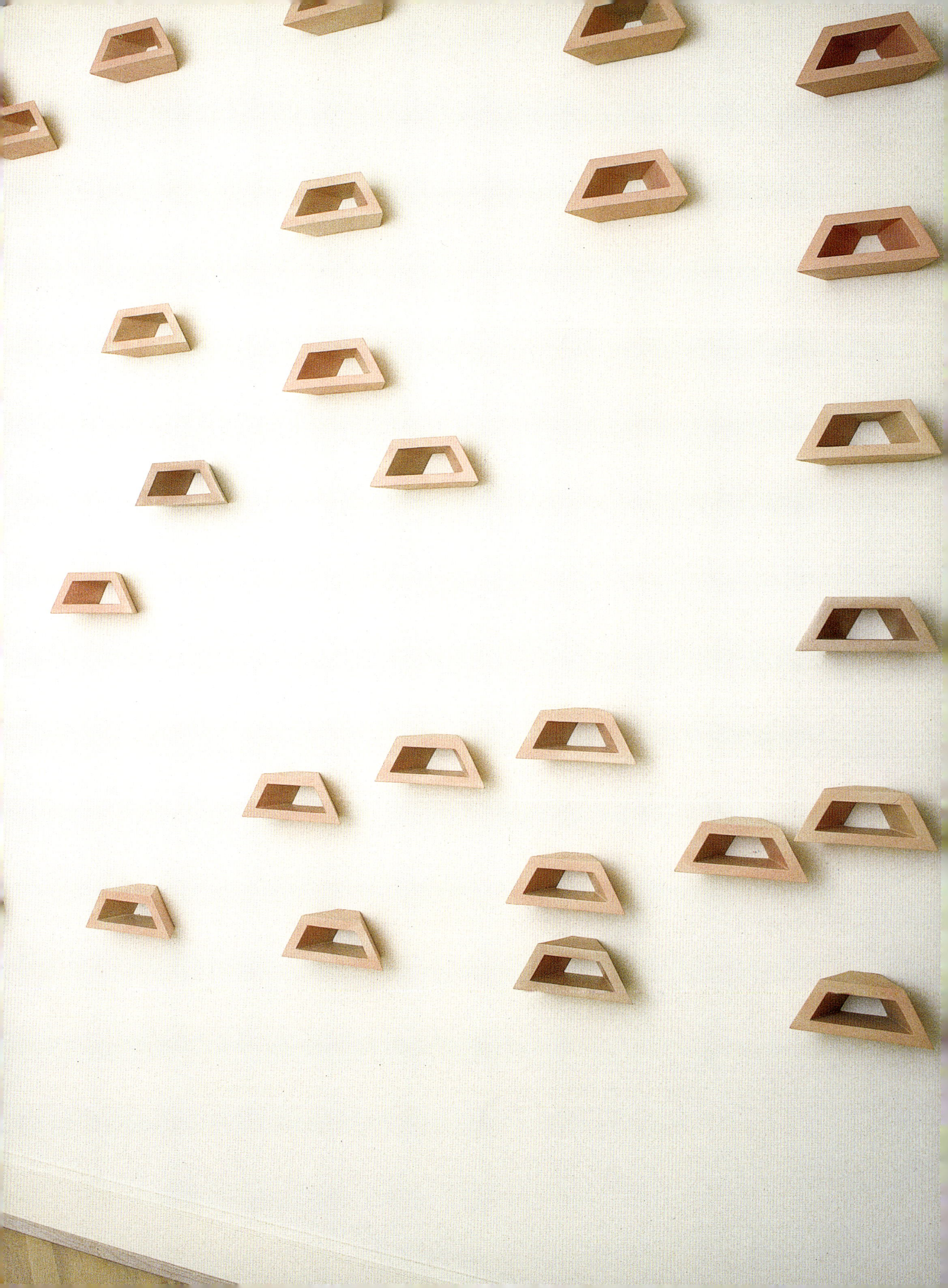

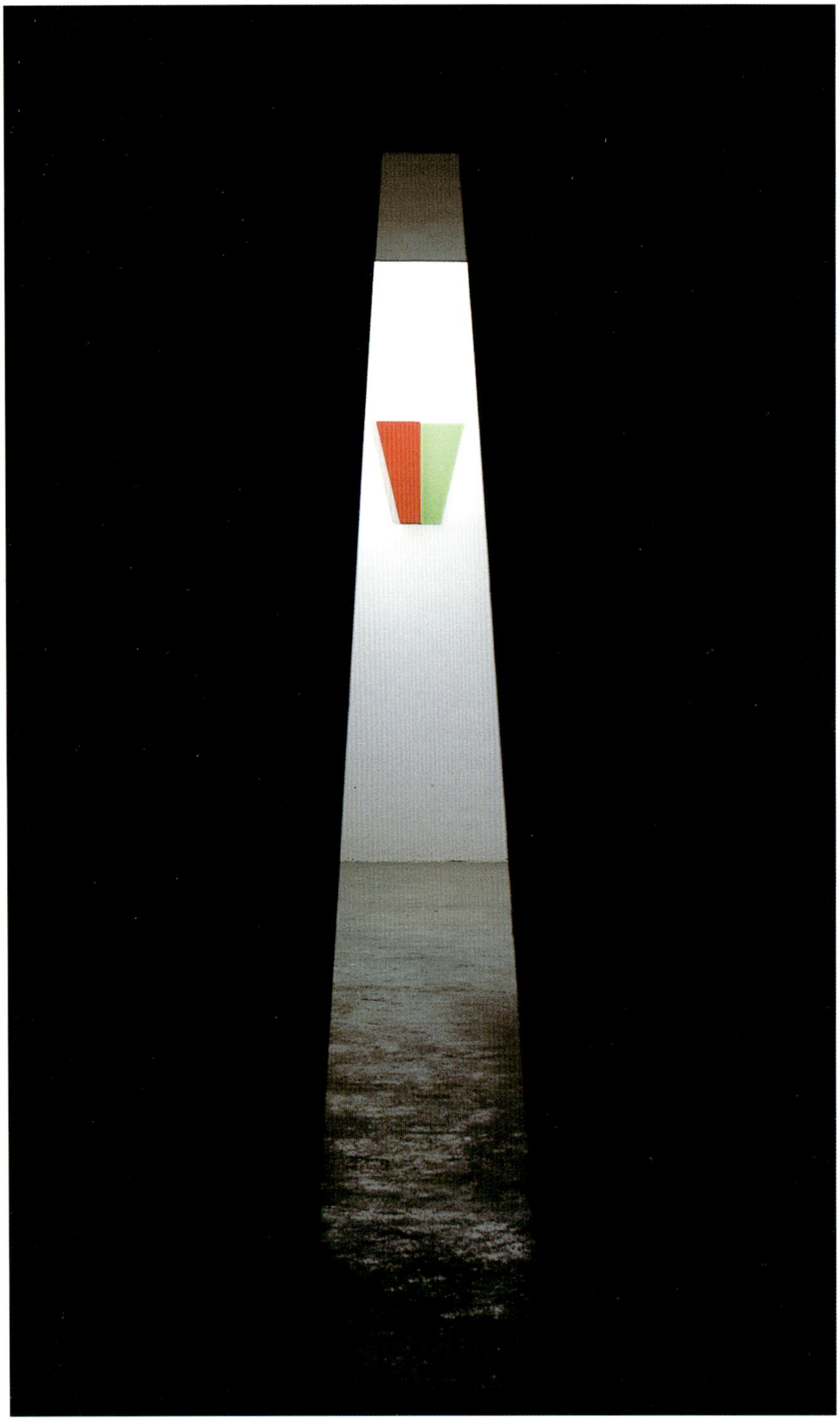

untitled, 1989

untitled, 1994

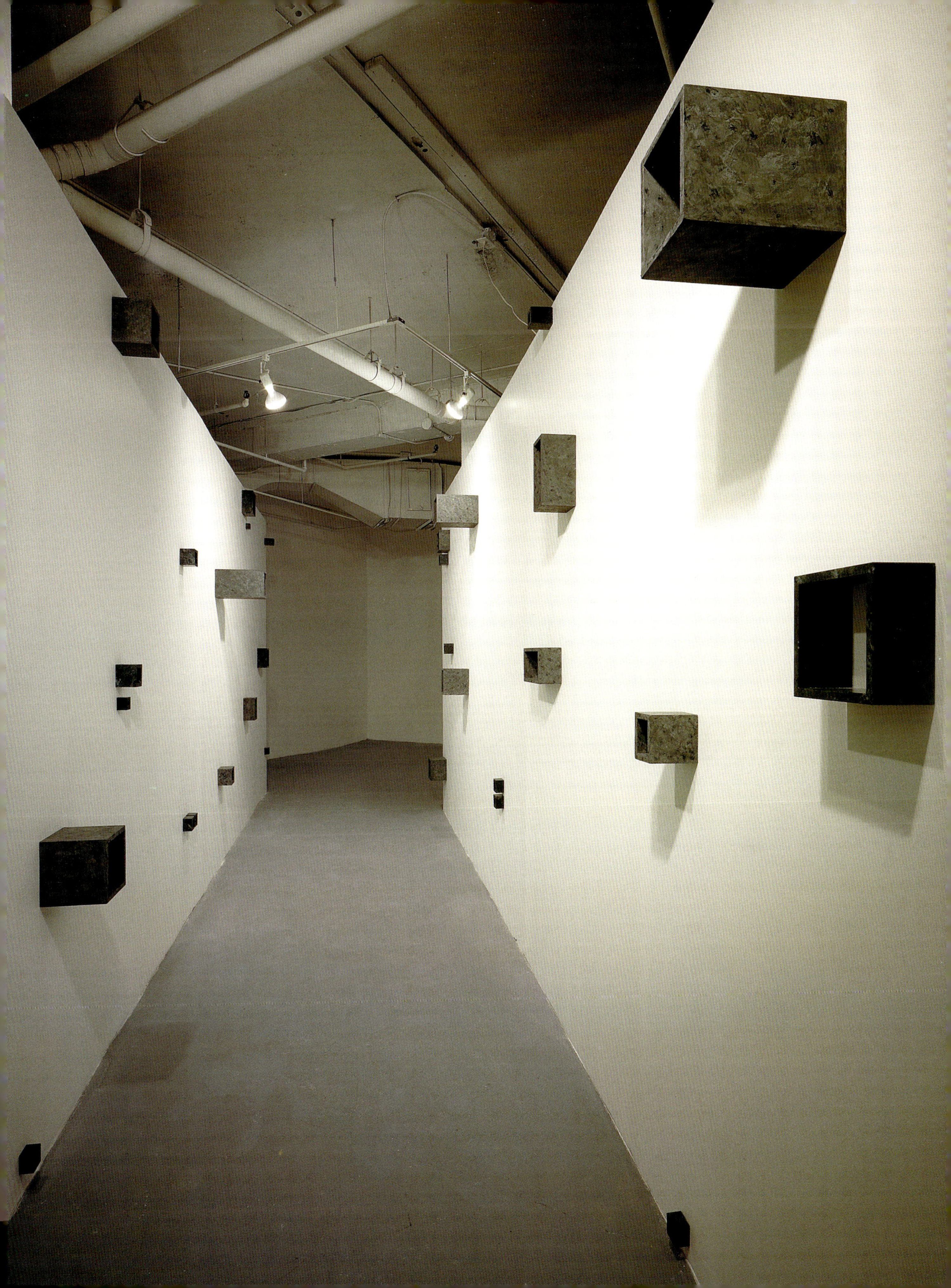

untitled, 1993

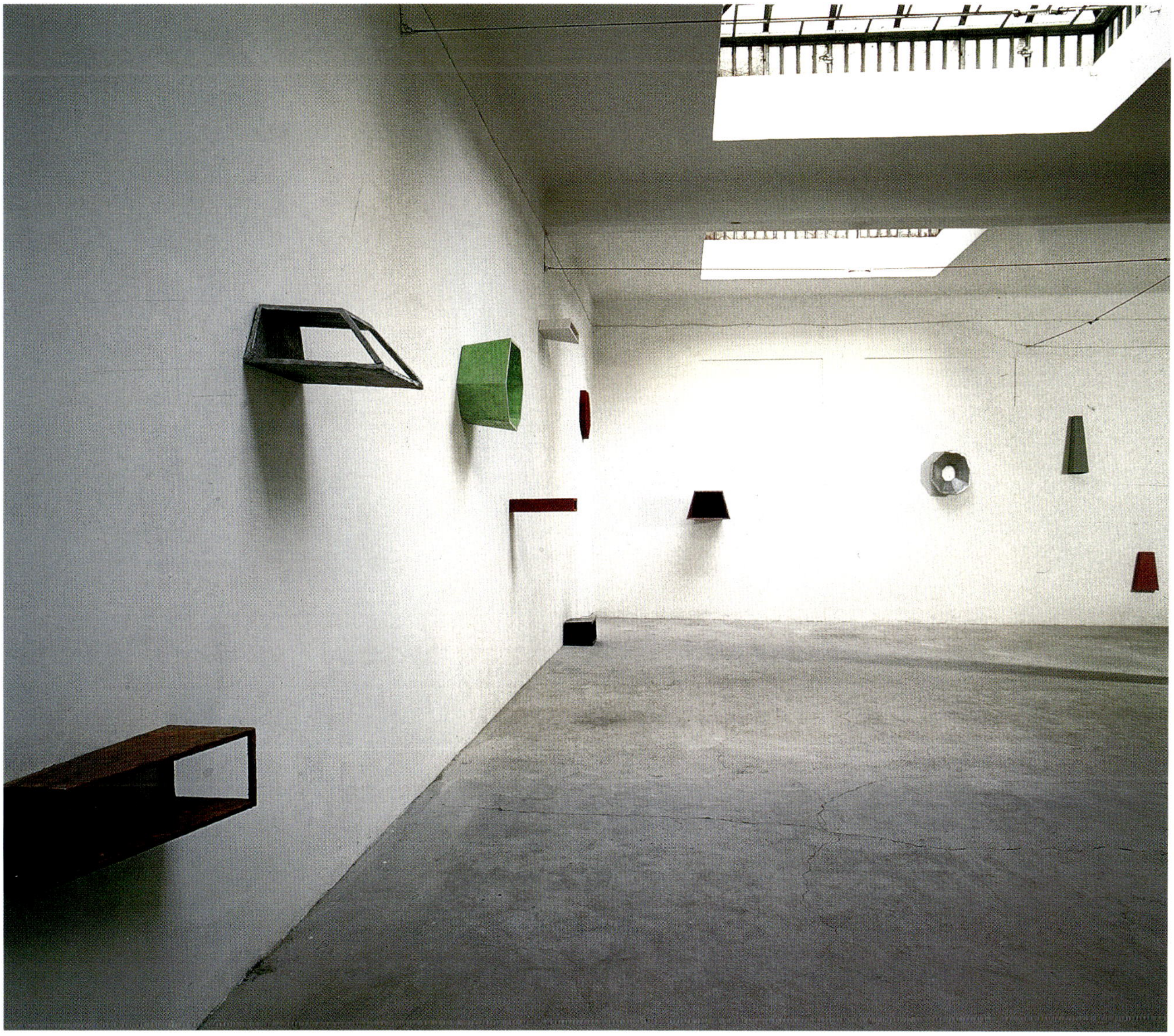

untitled, 1991

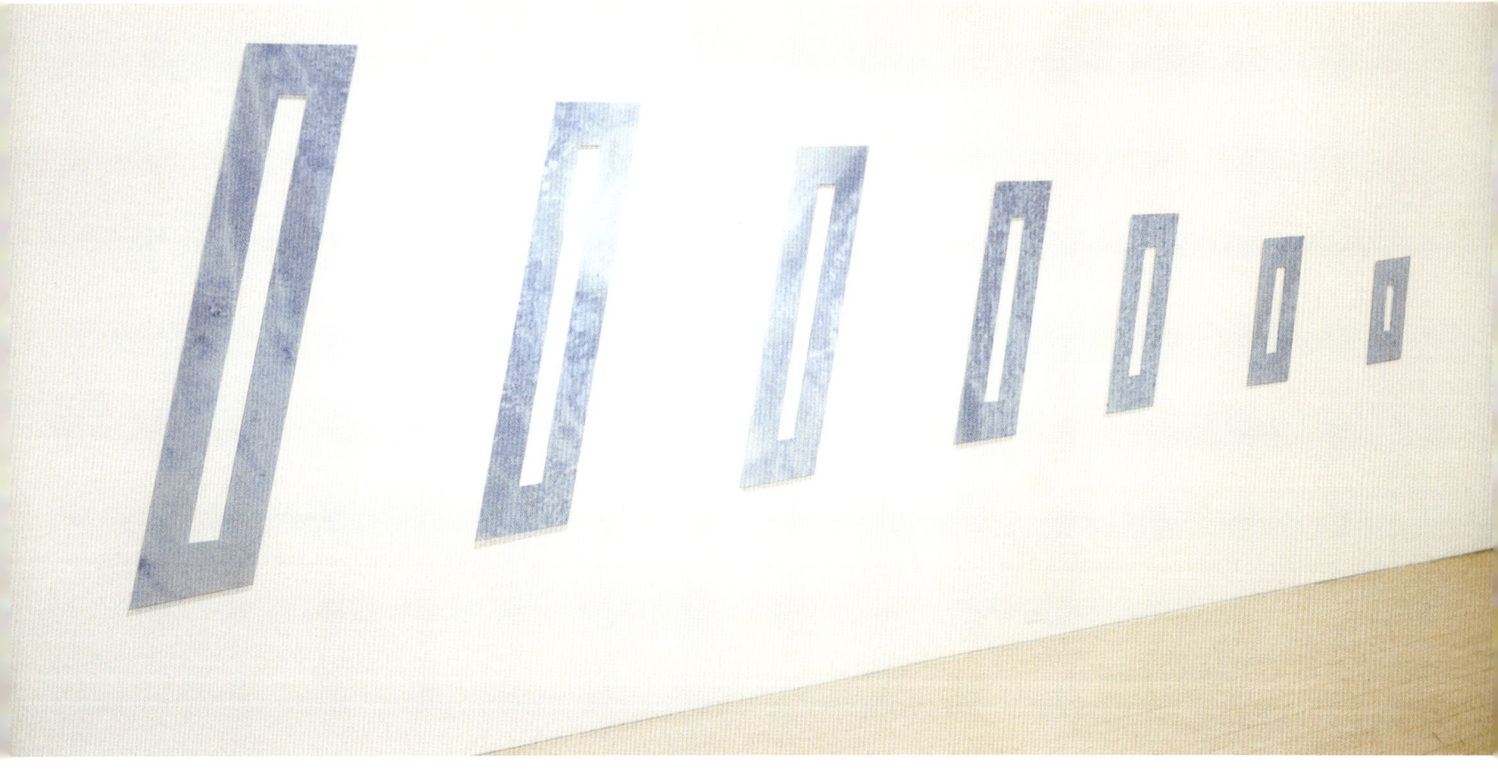

untitled, 1996

untitled, 1996

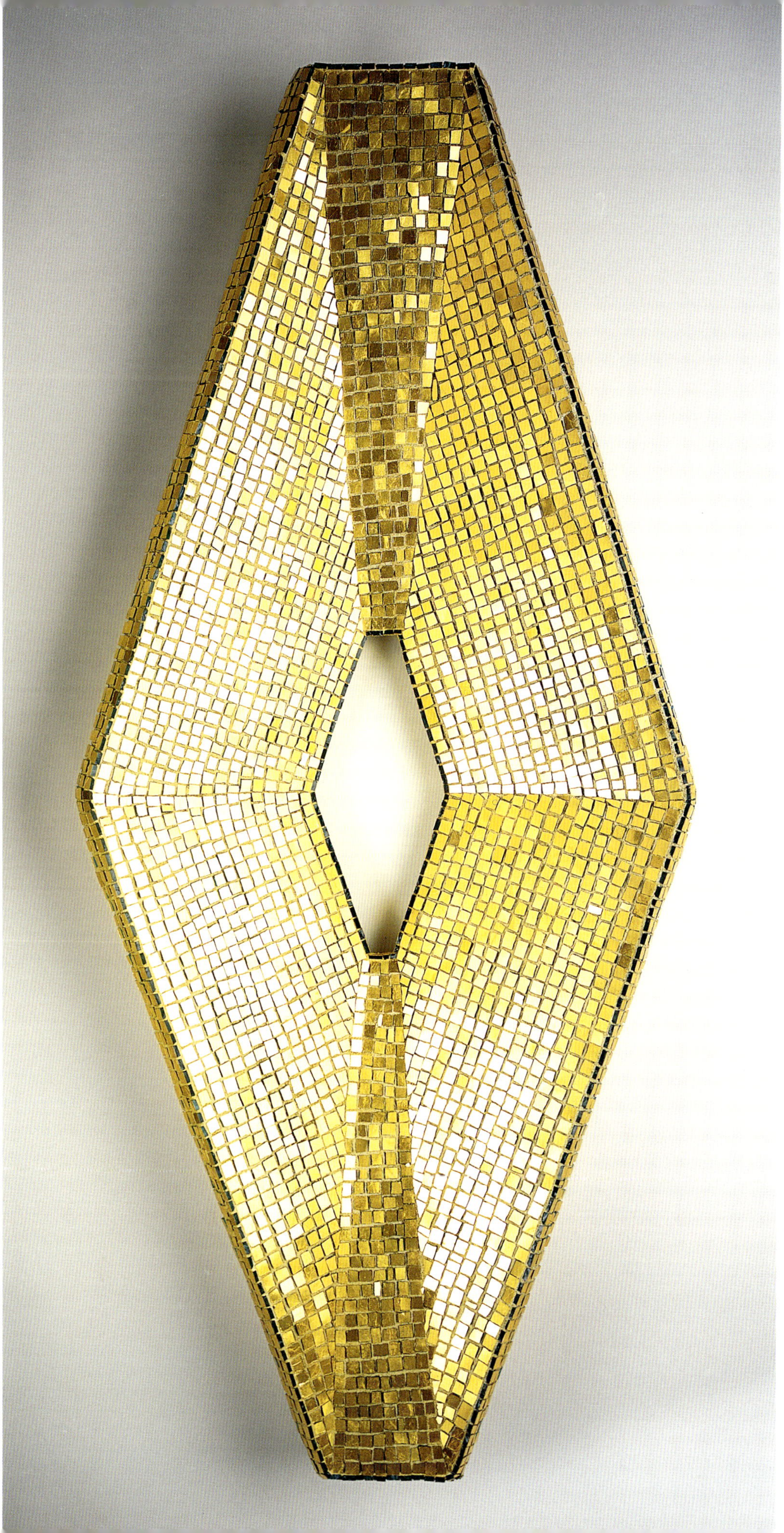

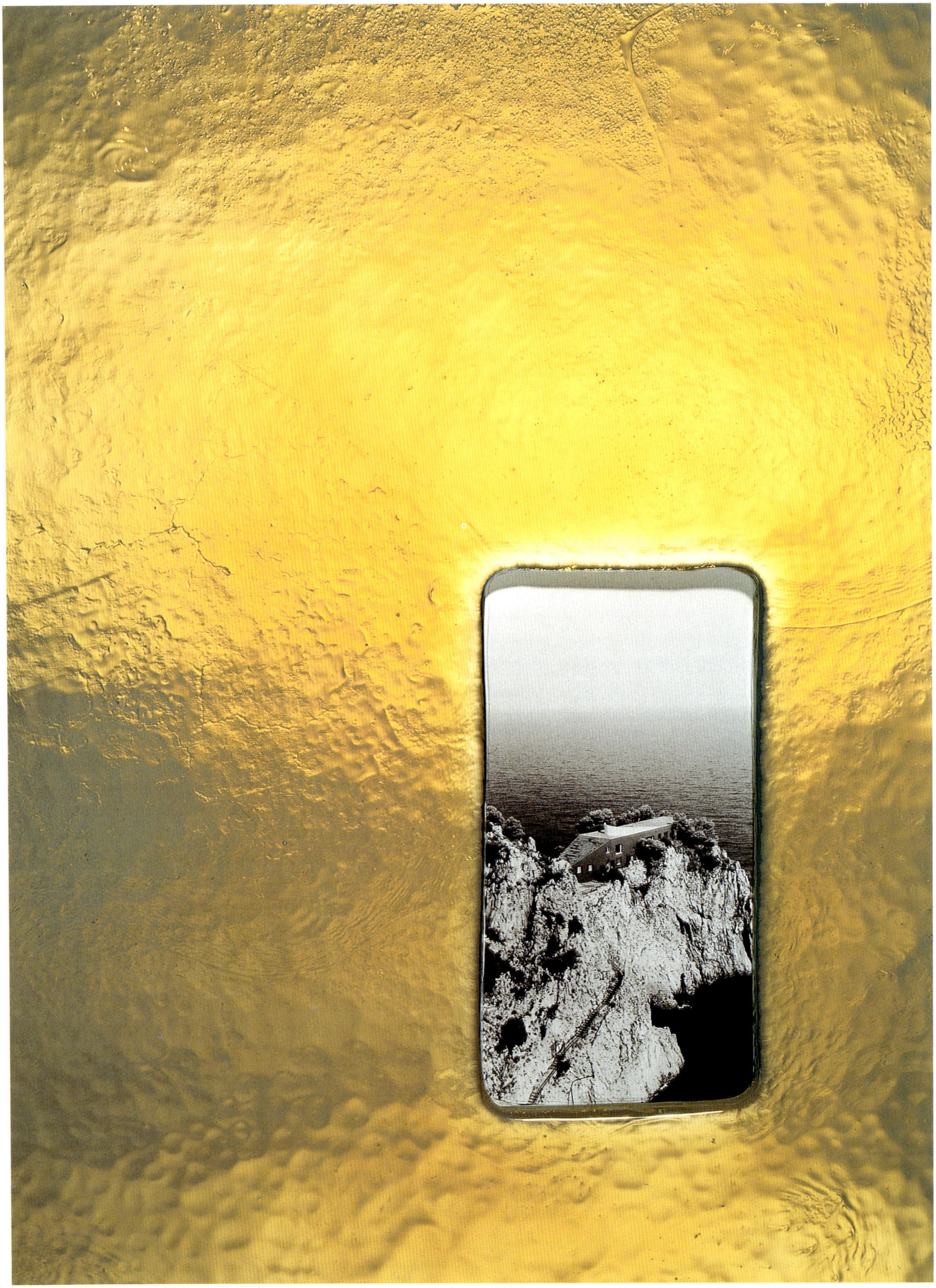

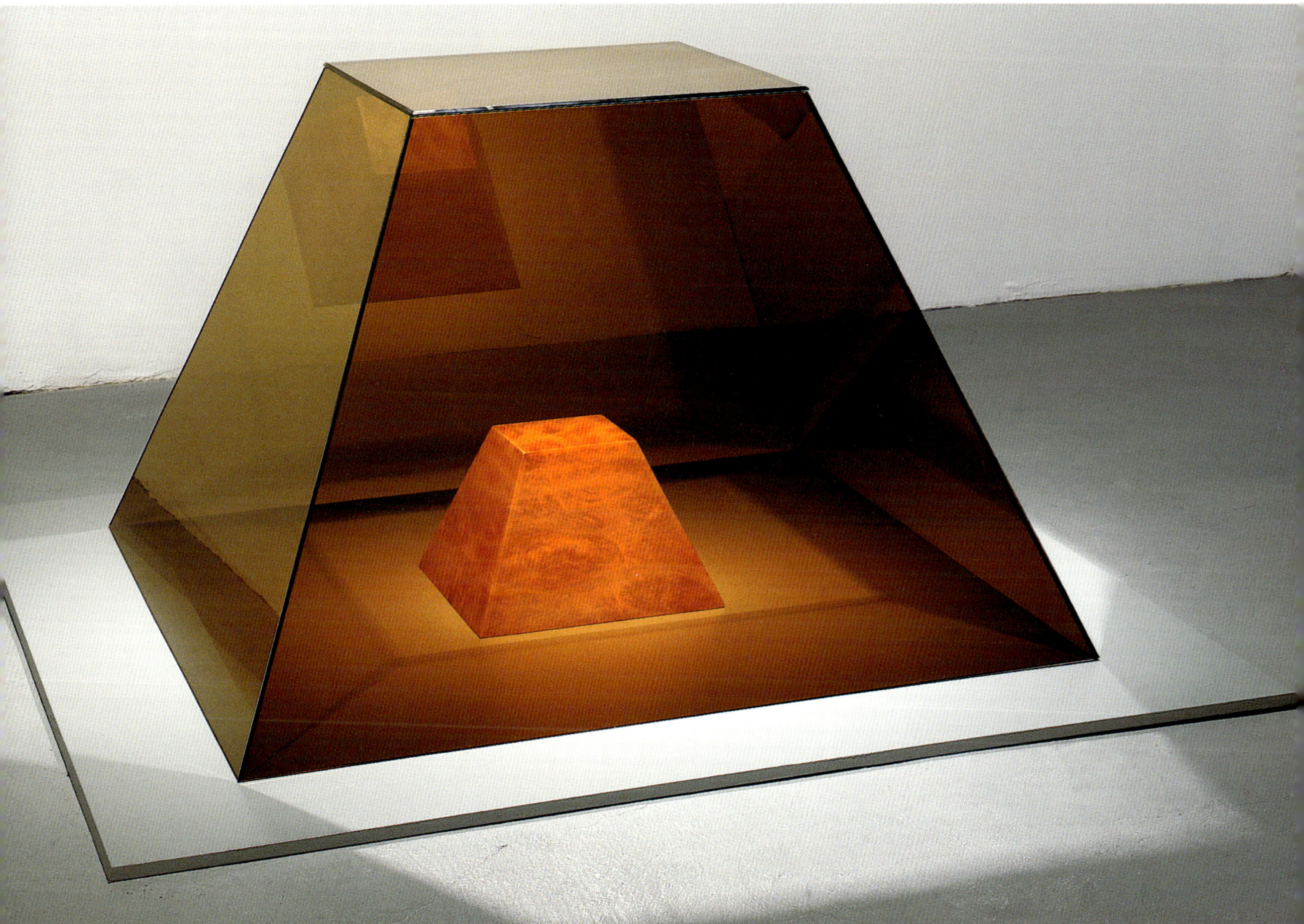

untitled, 1994

untitled, 1996

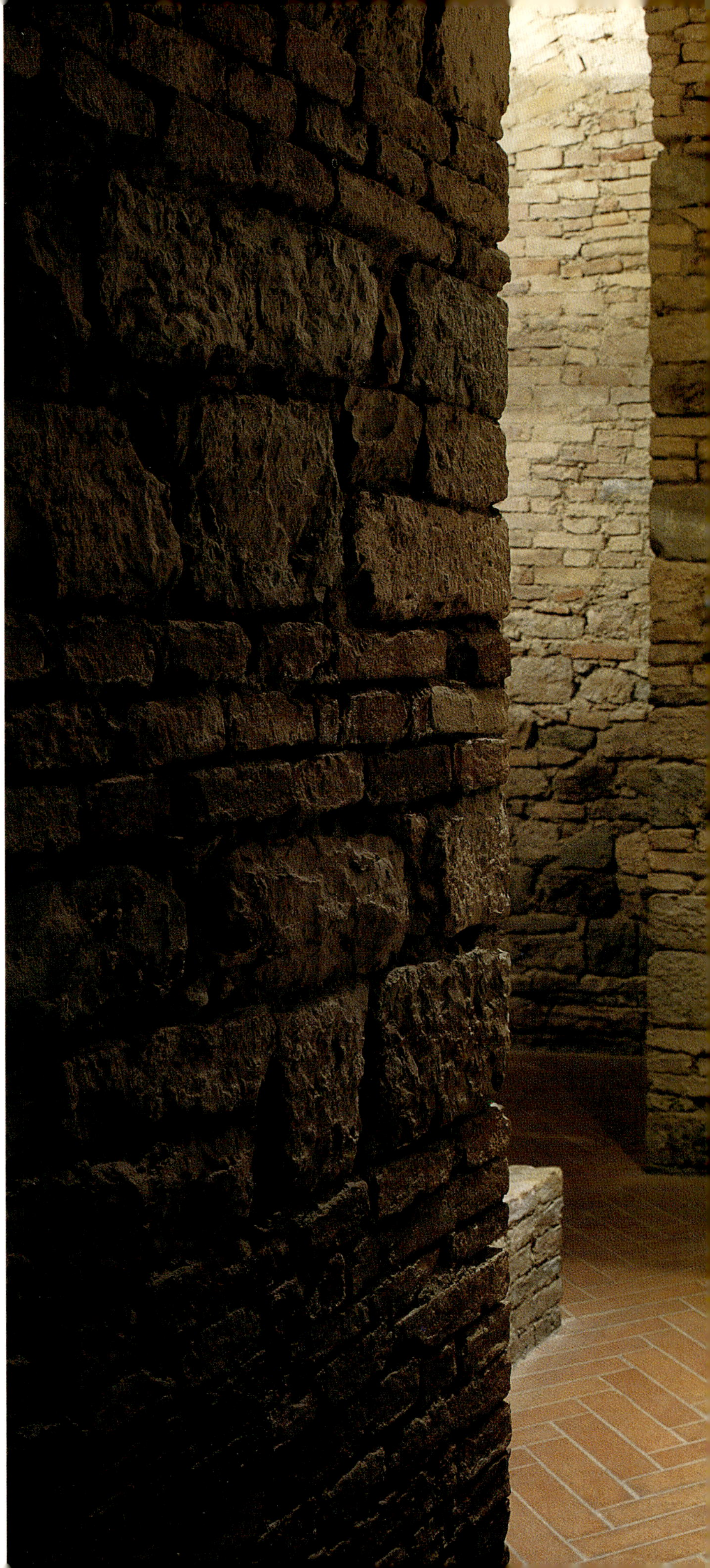

p. 34-35
untitled, 1990

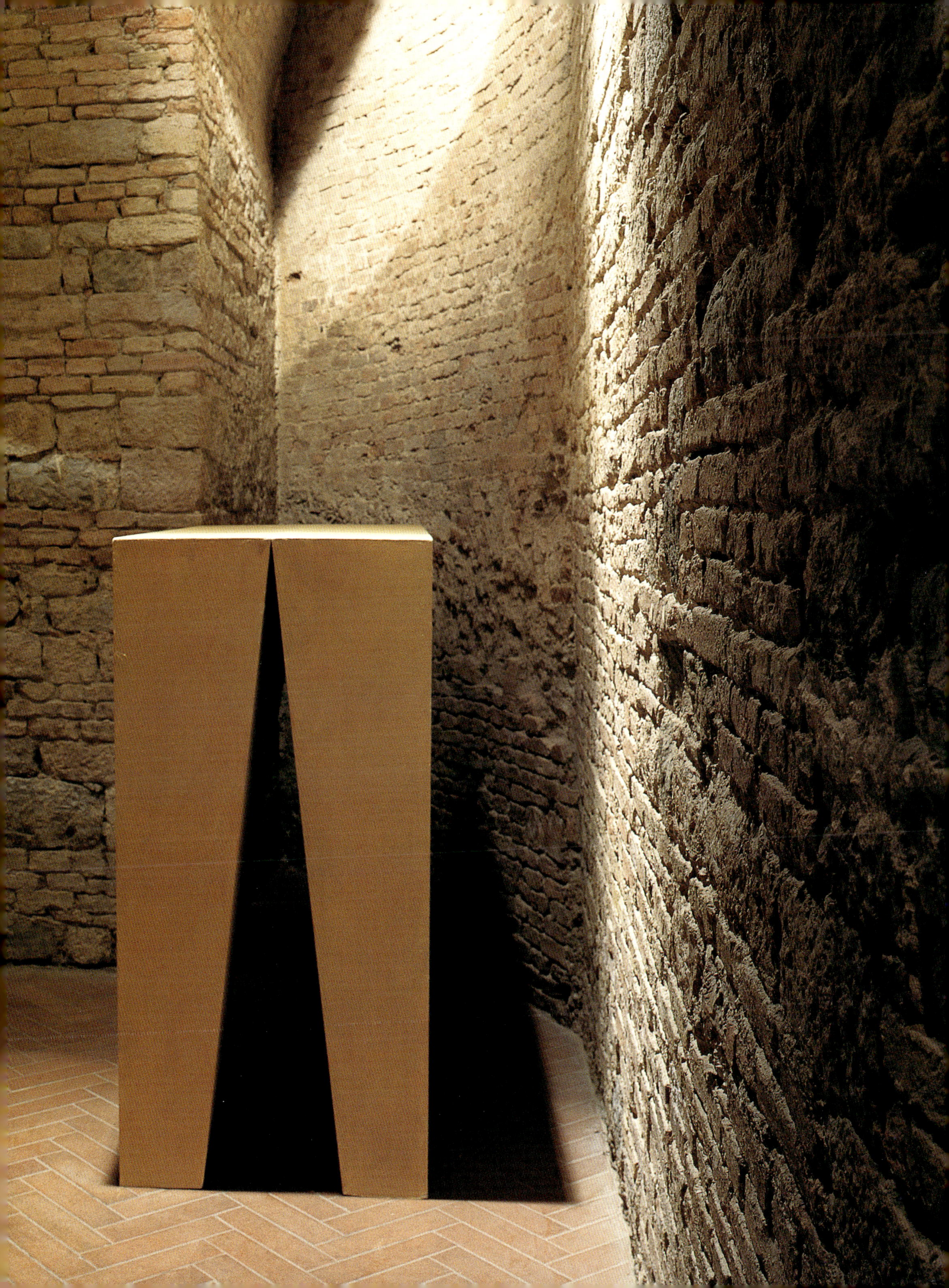

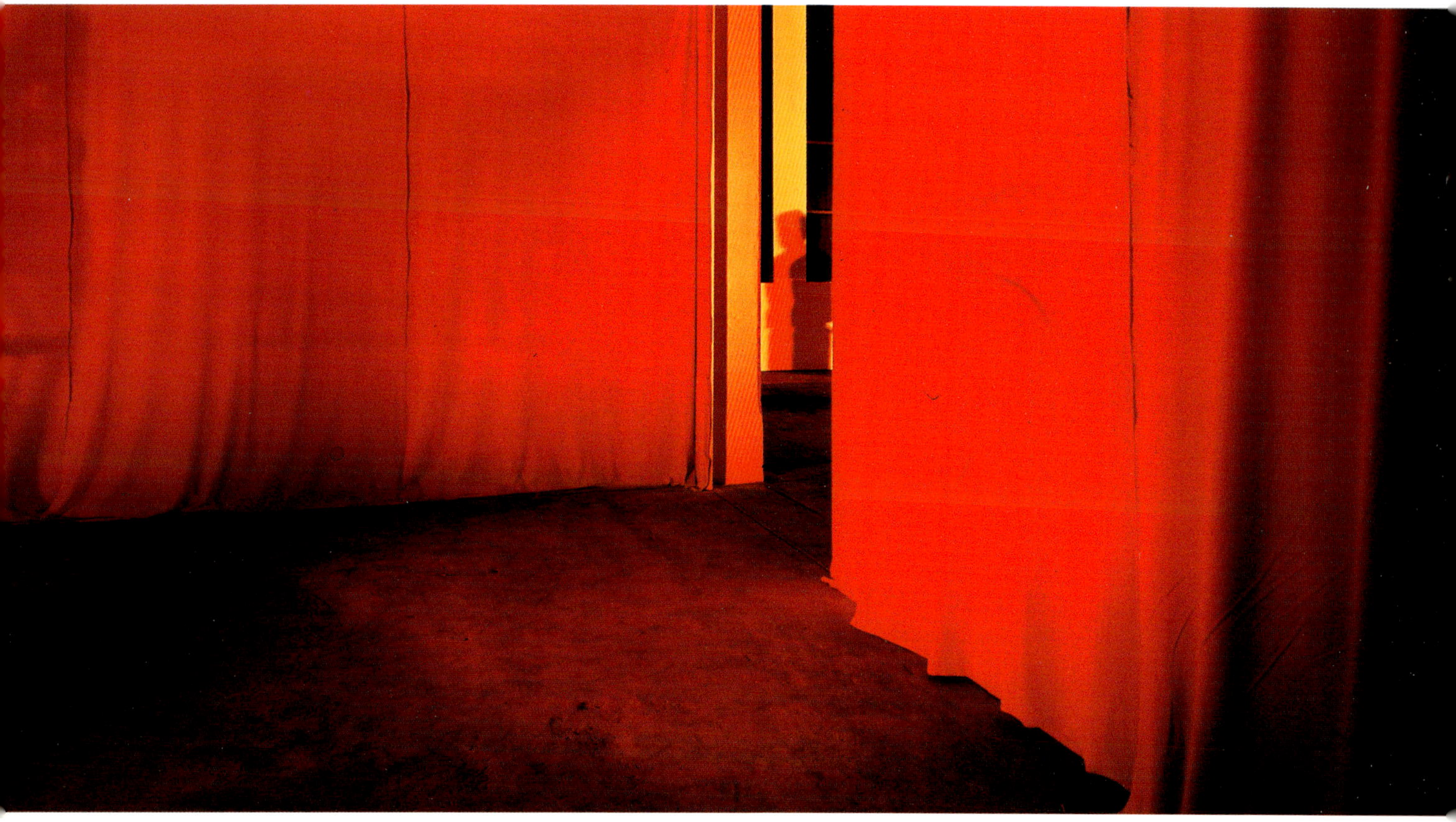

p. 36-39
untitled, 1994

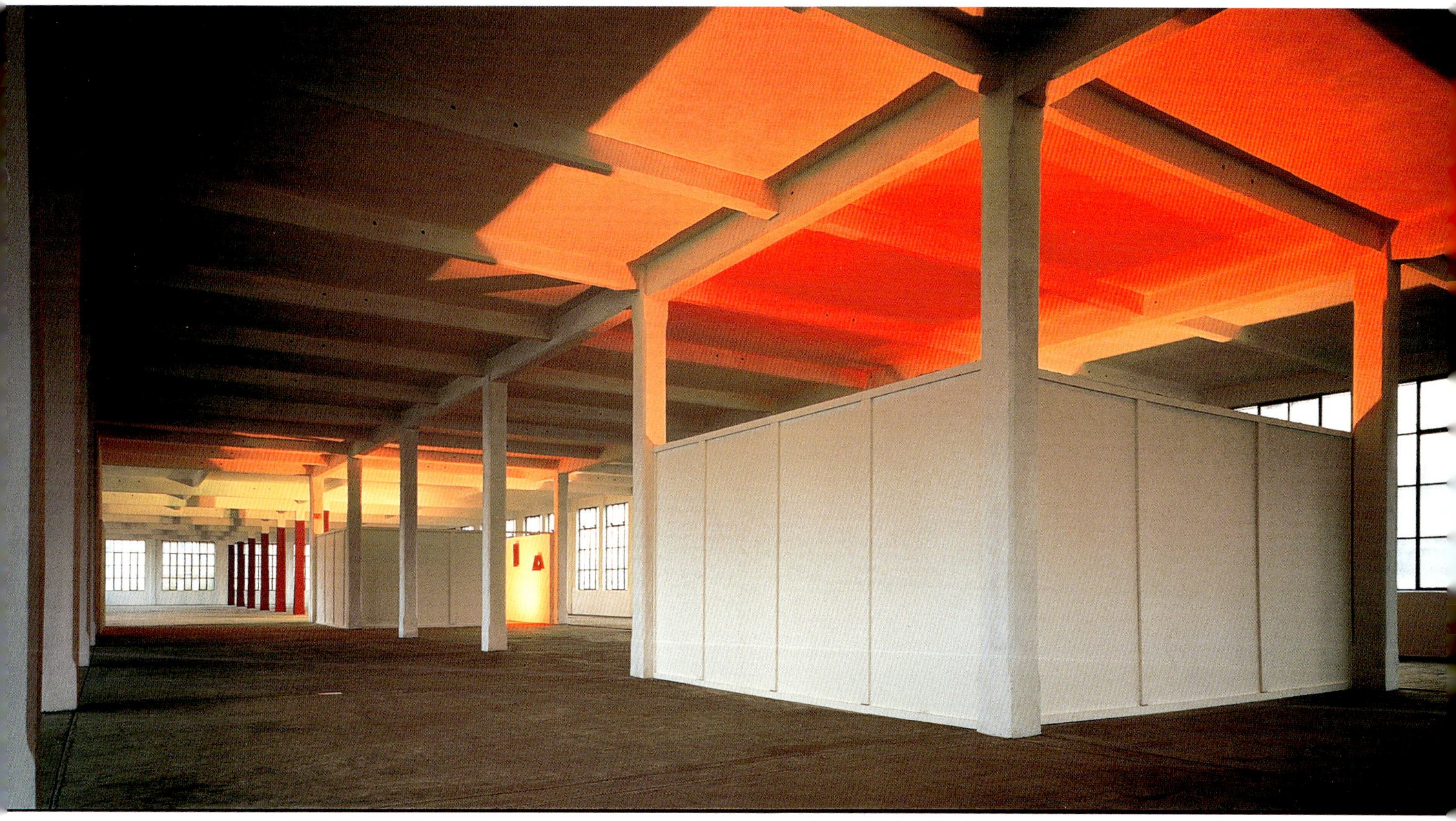

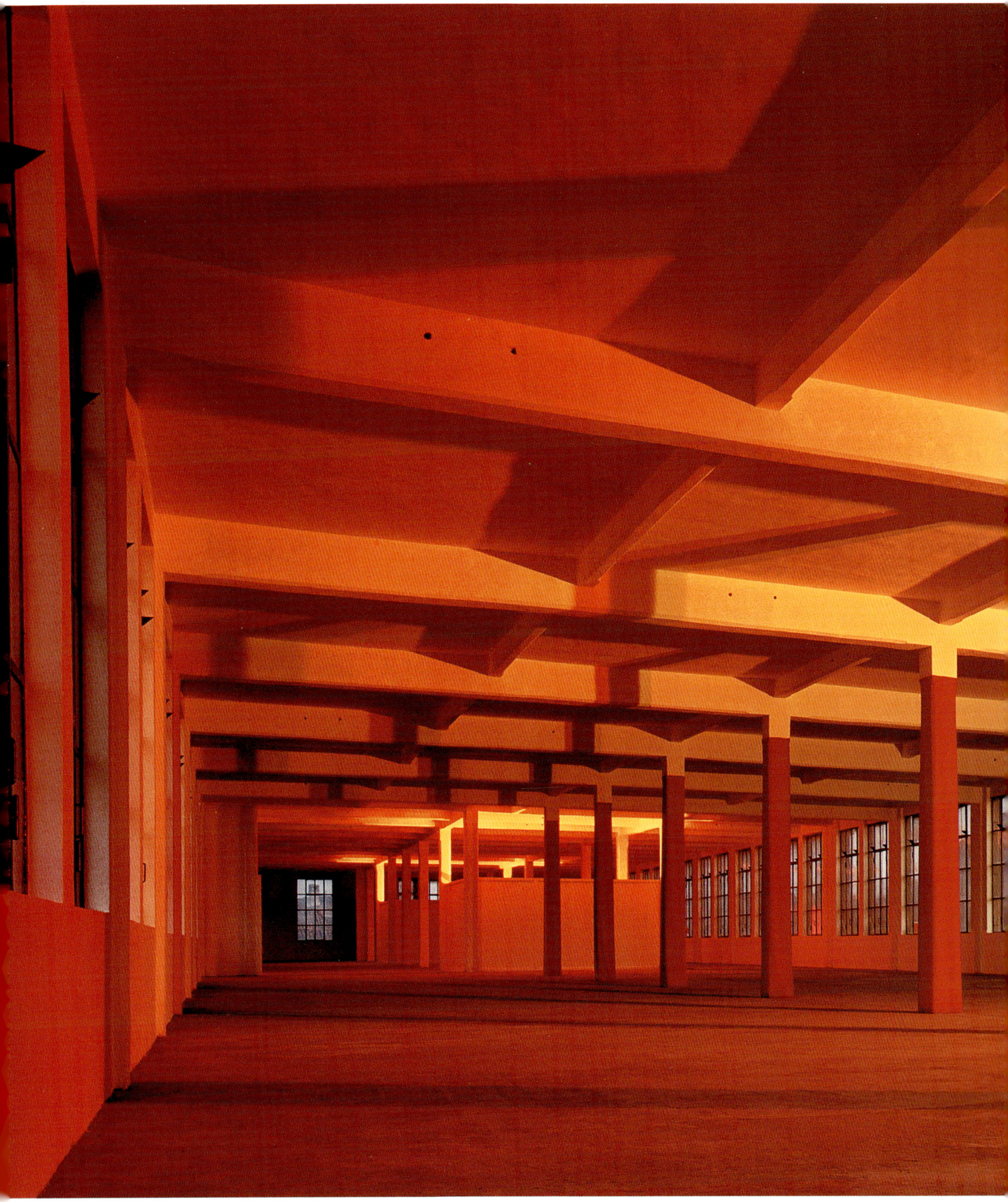

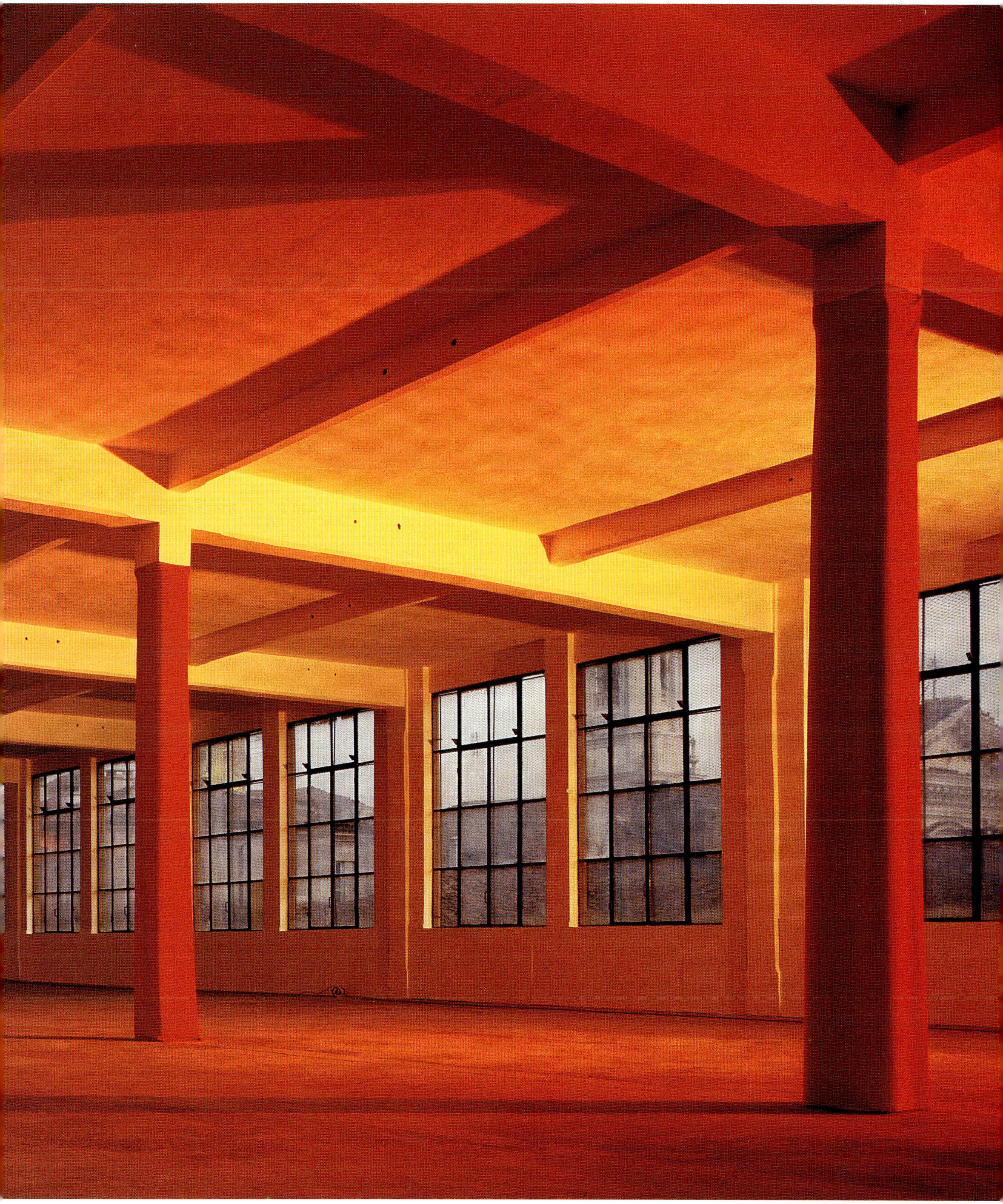

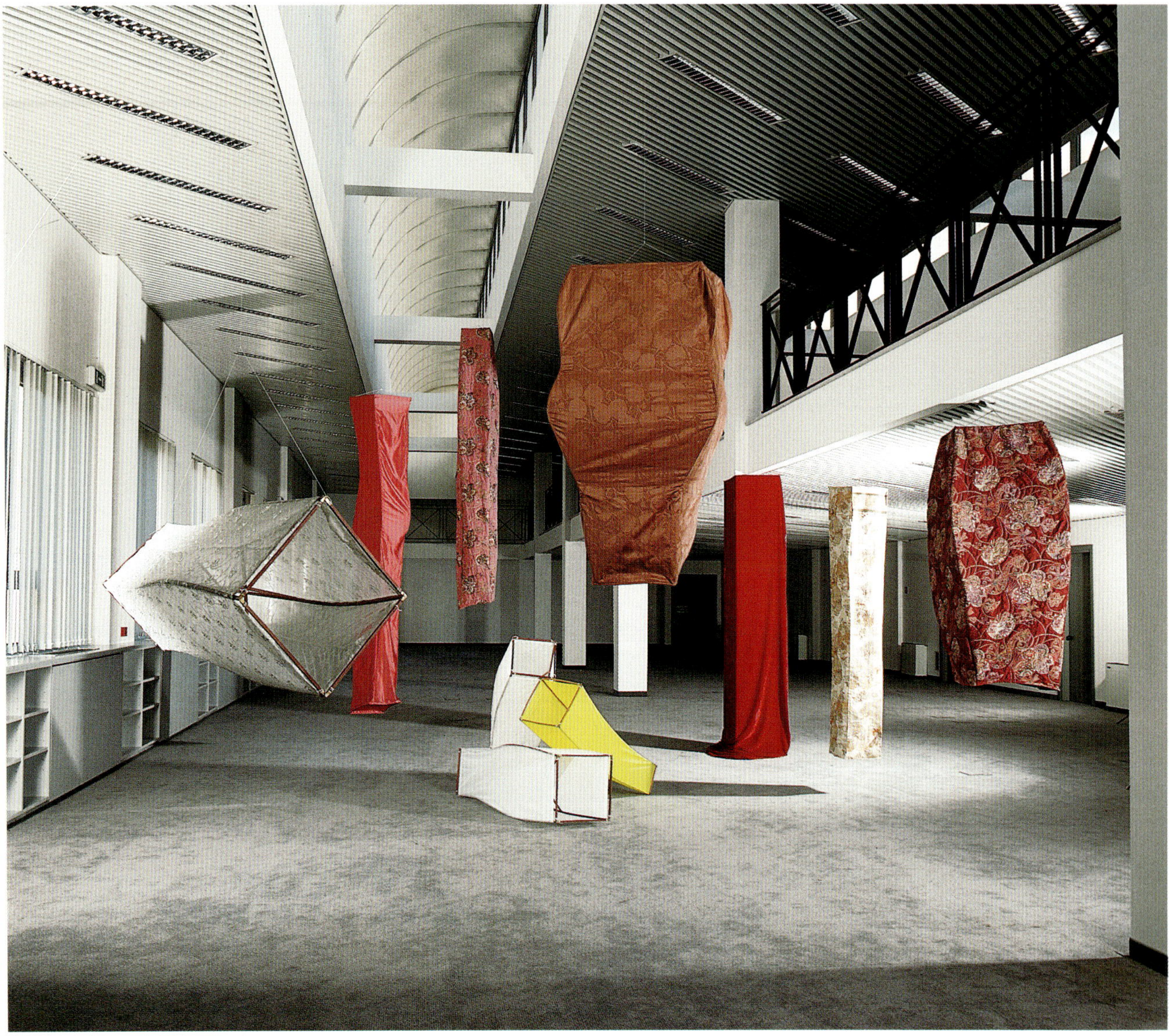

untitled, 1997

untitled, 1997

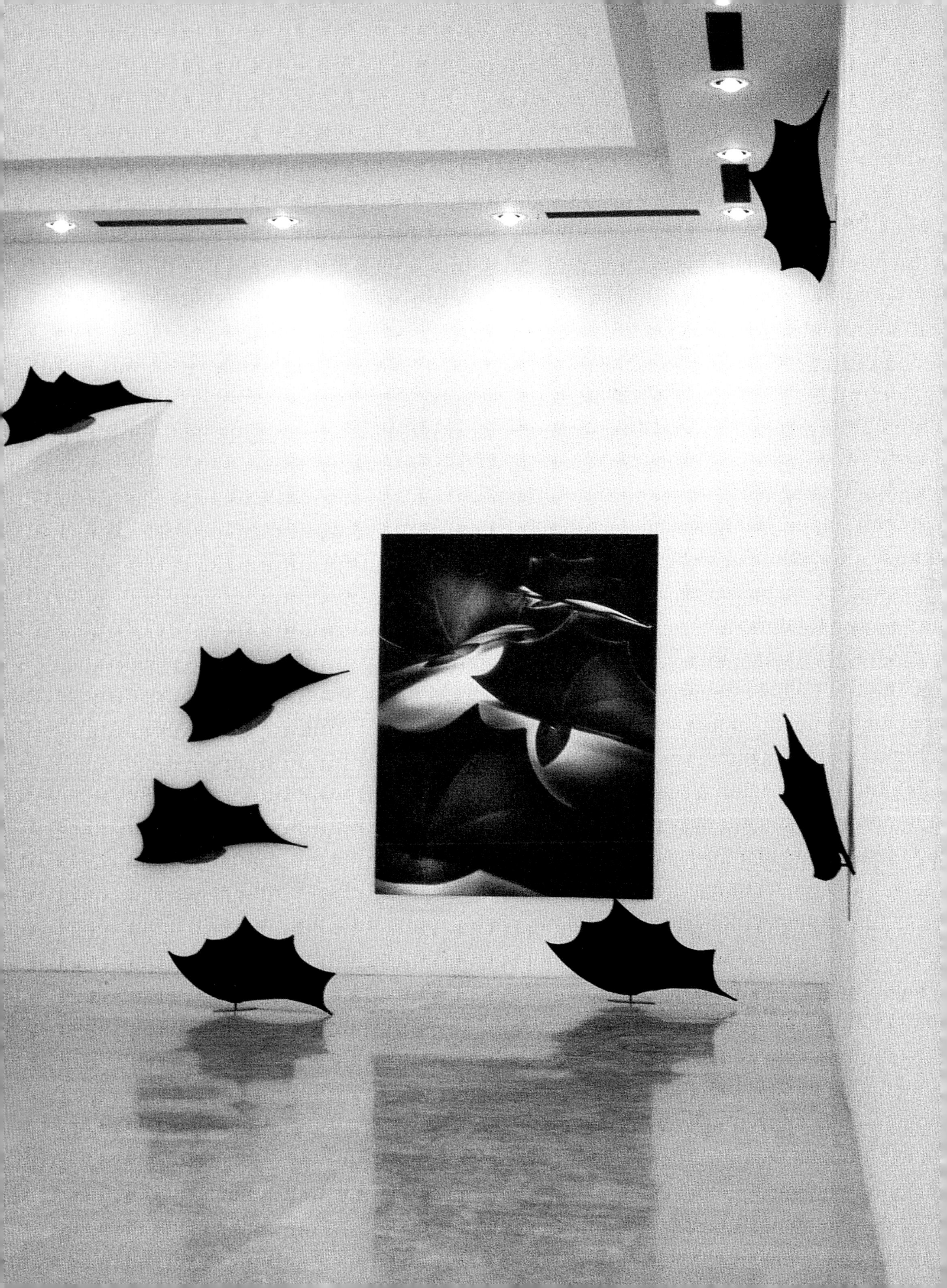

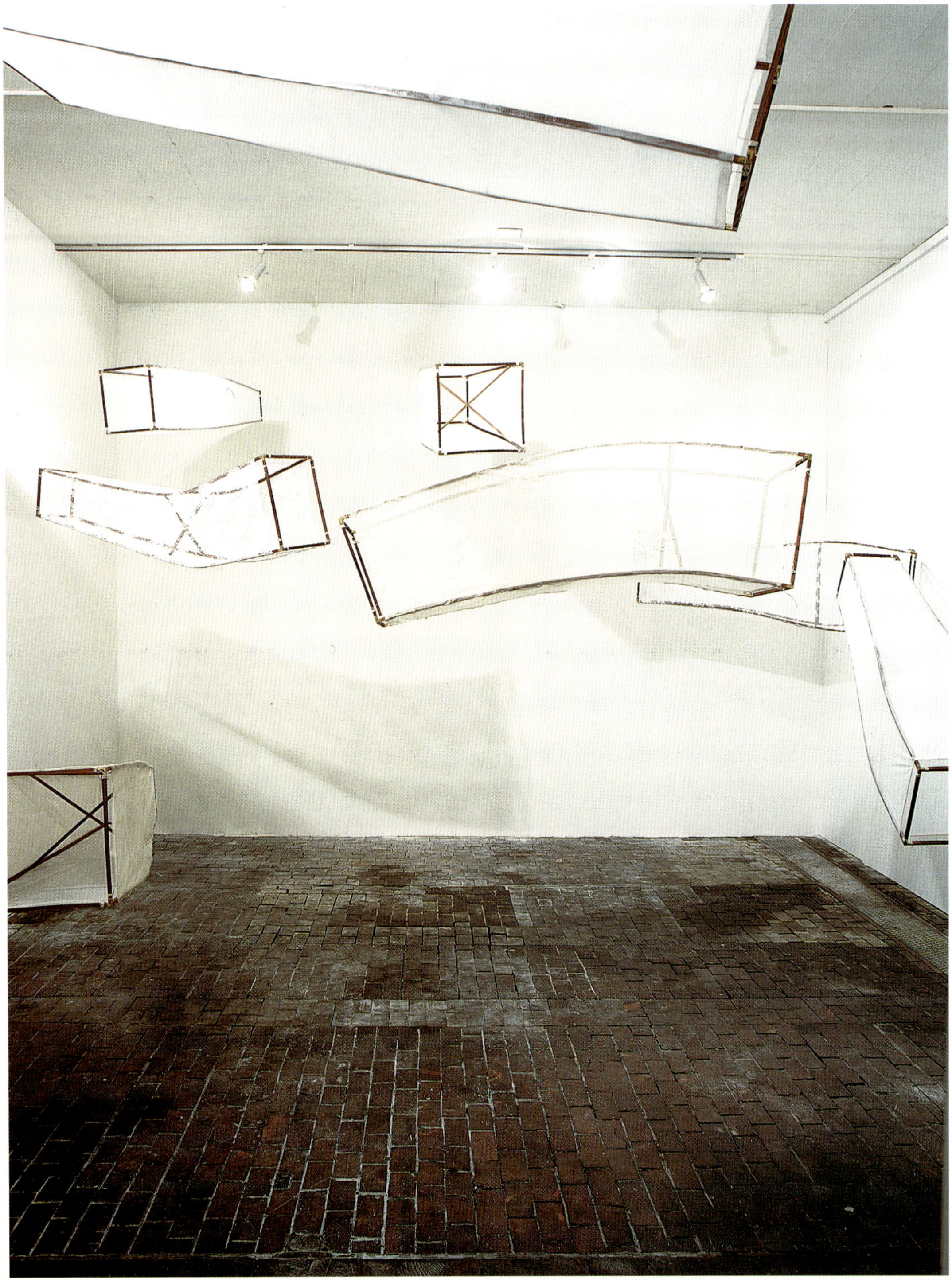

Lunedì pulito, 1996

untitled, 1997

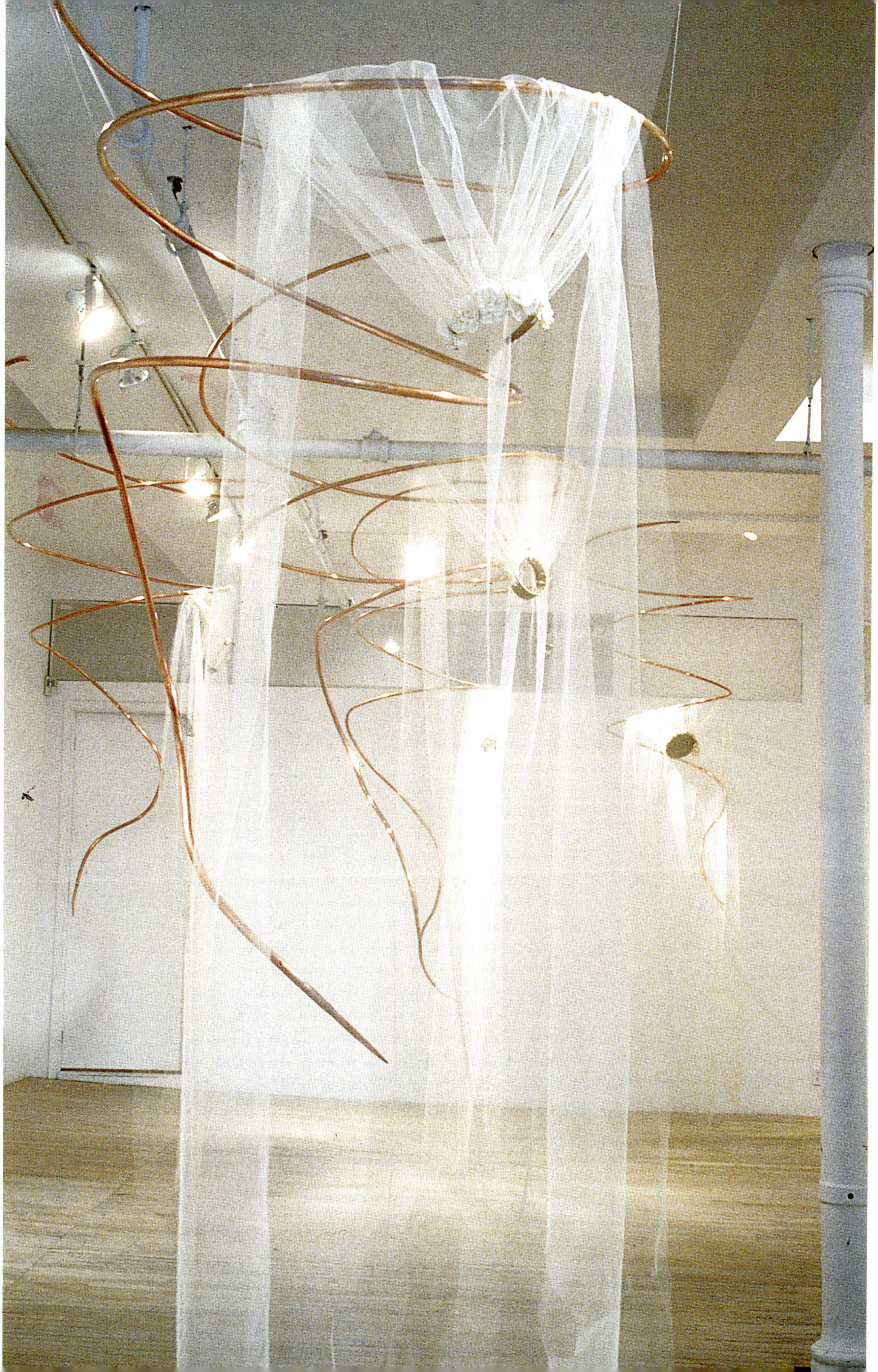

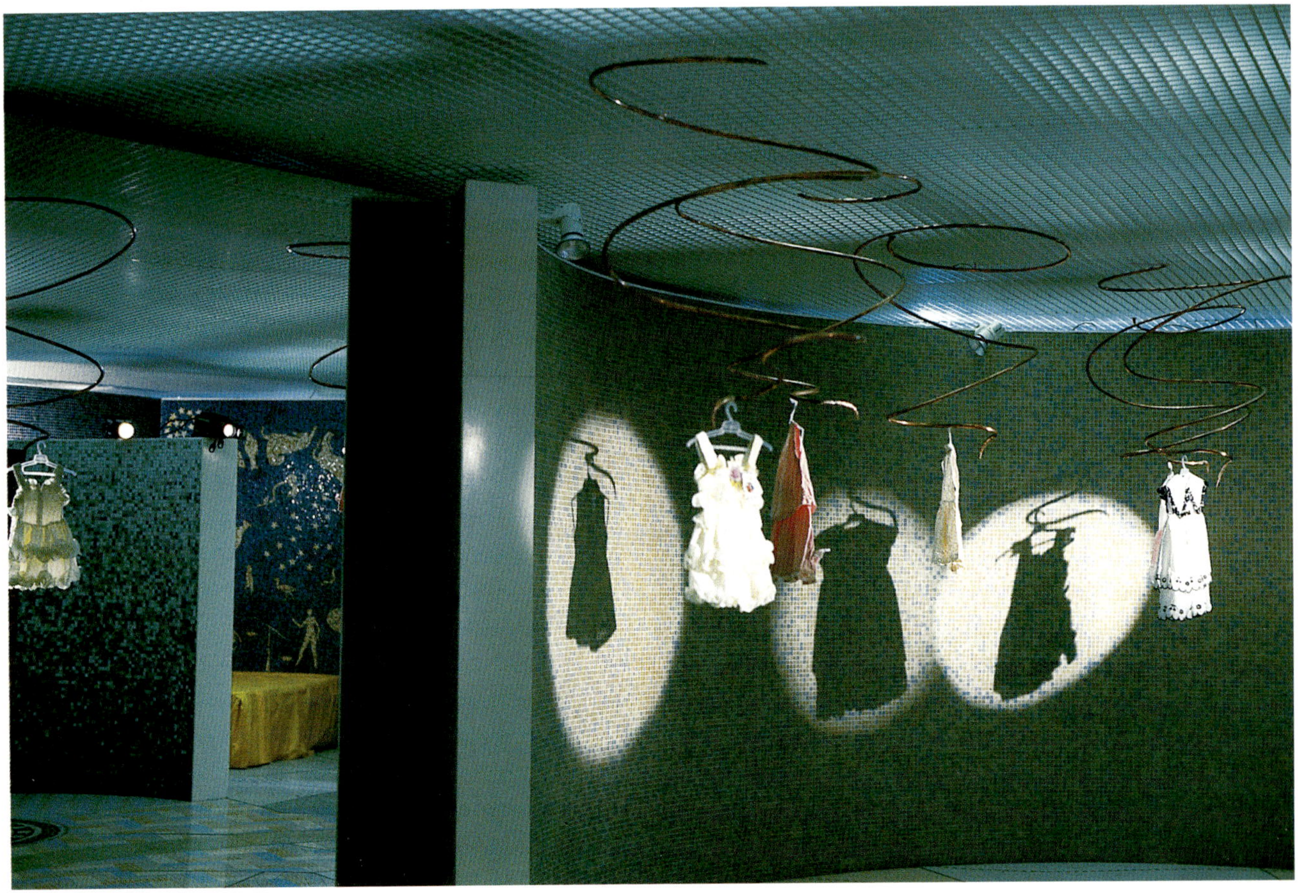

Il giorno di festa, 1998

Limitare i danni, 1998

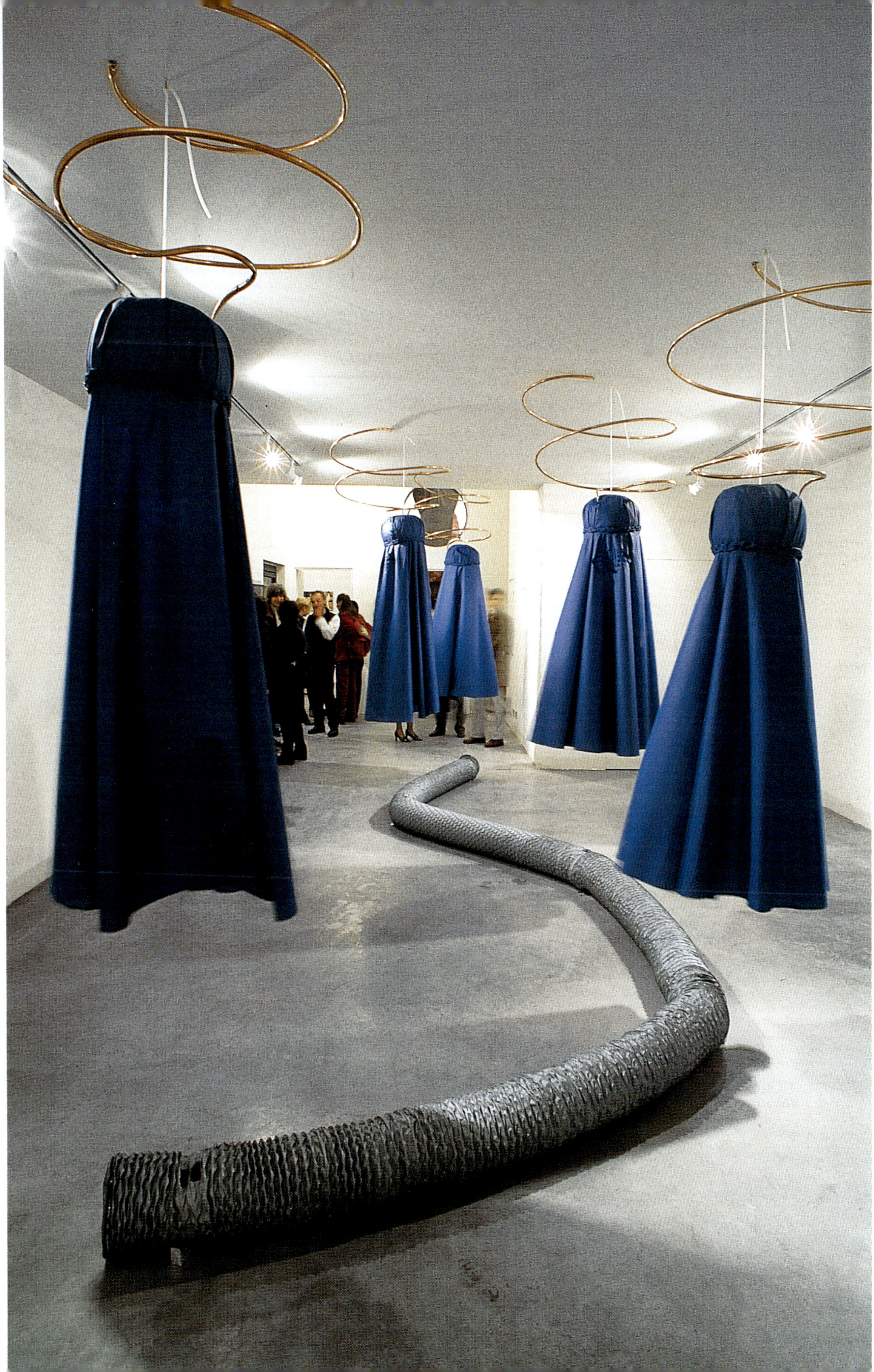

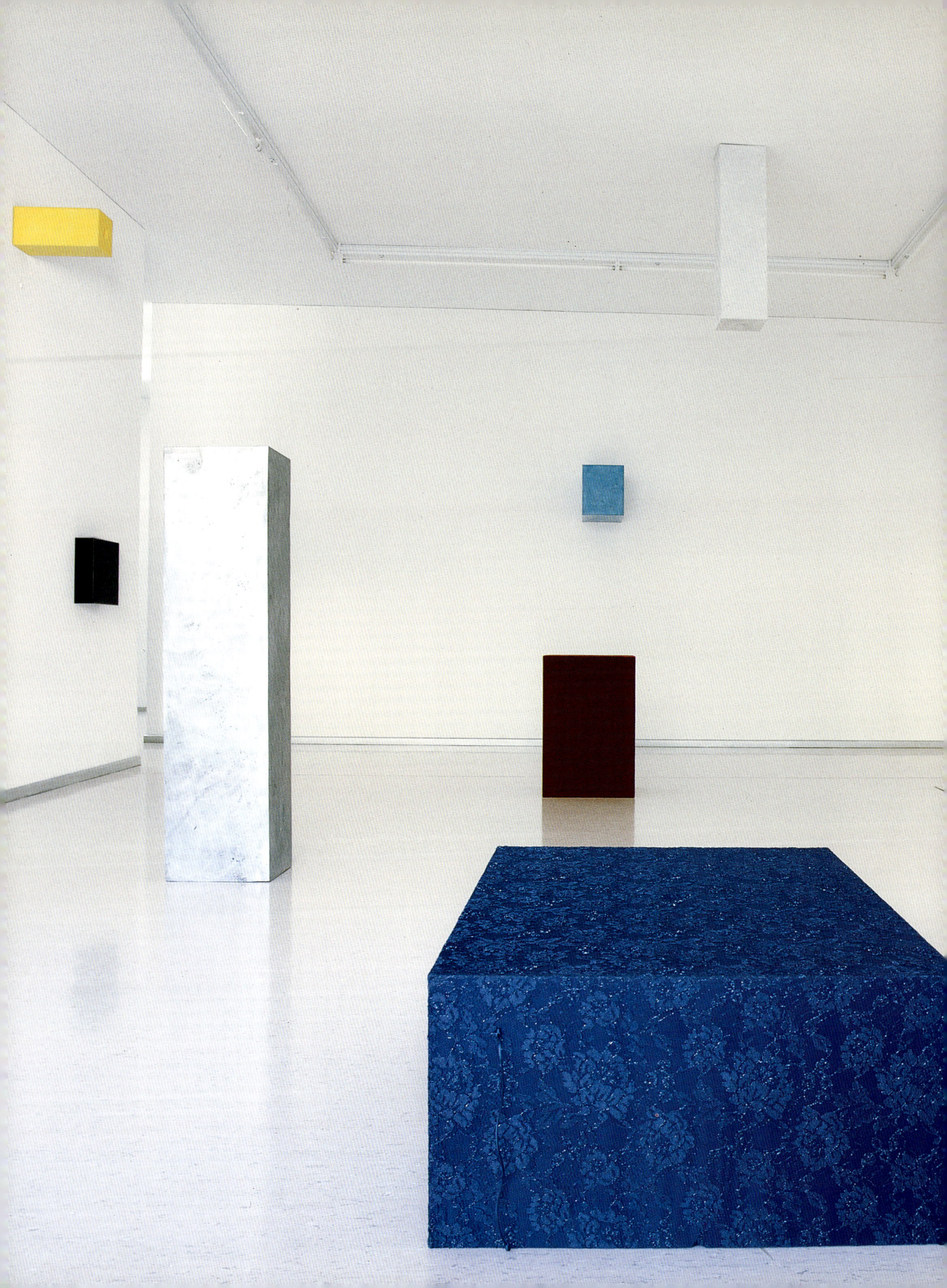

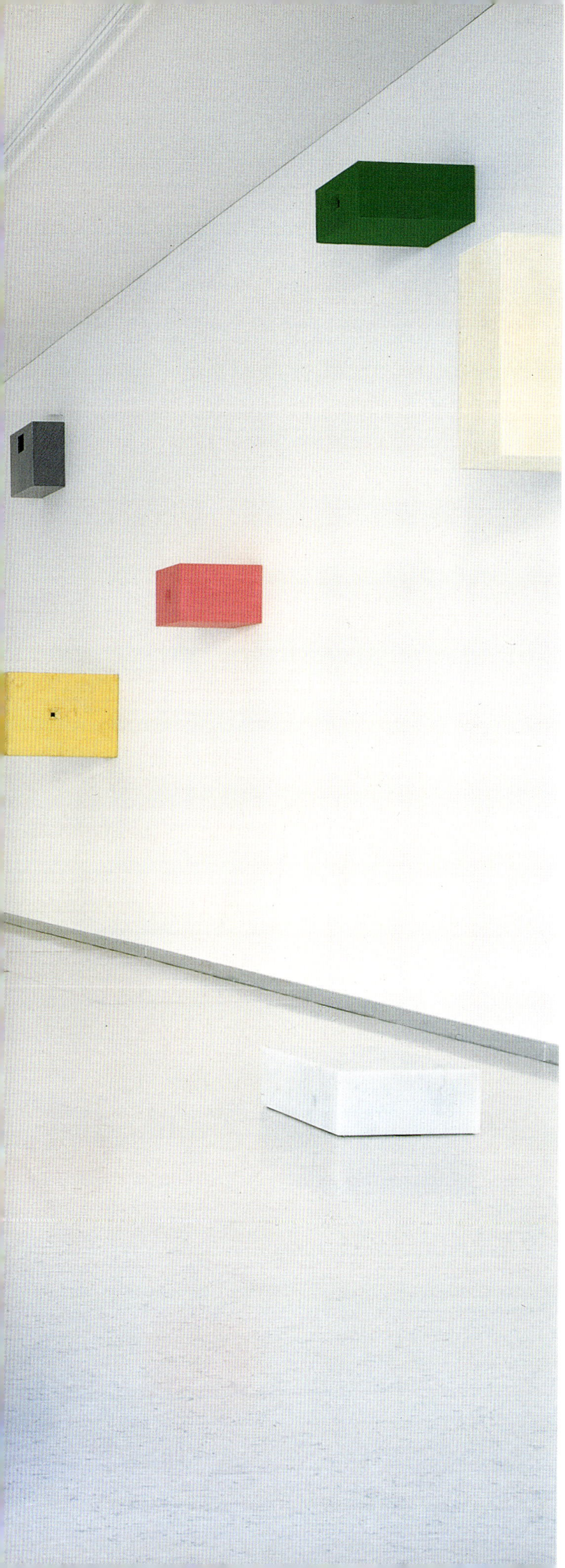

p. 46-49
Alti e bassi, 1998

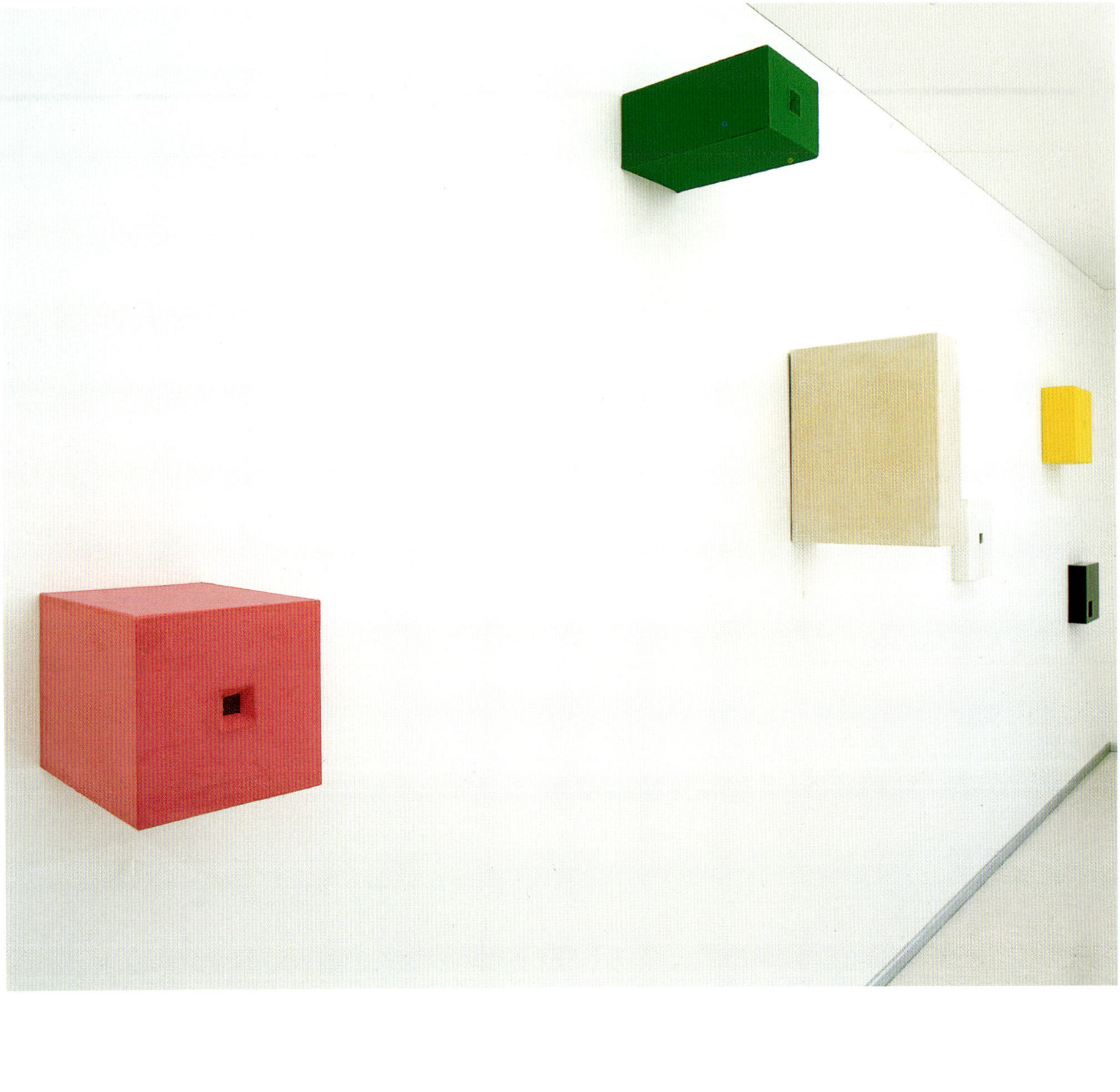

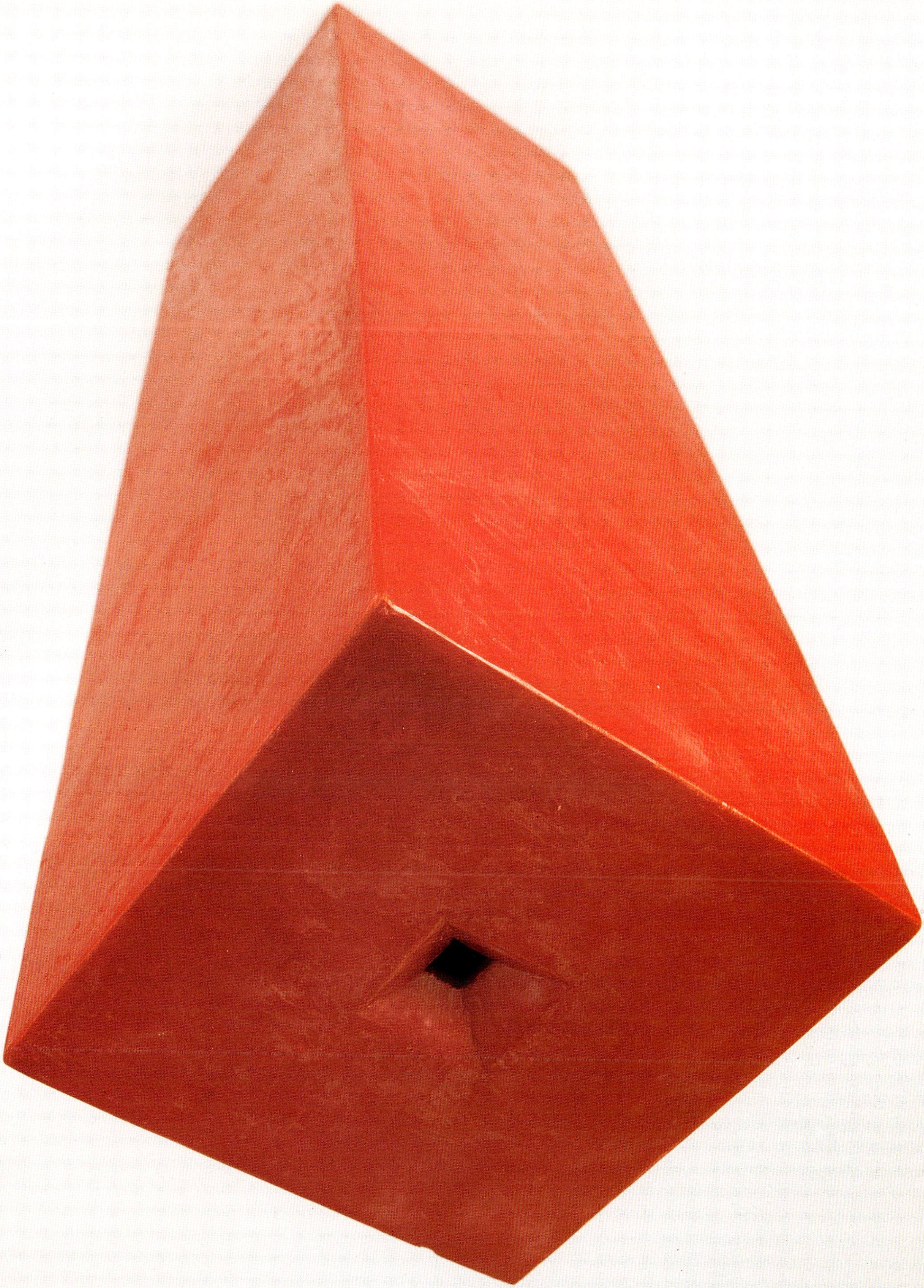

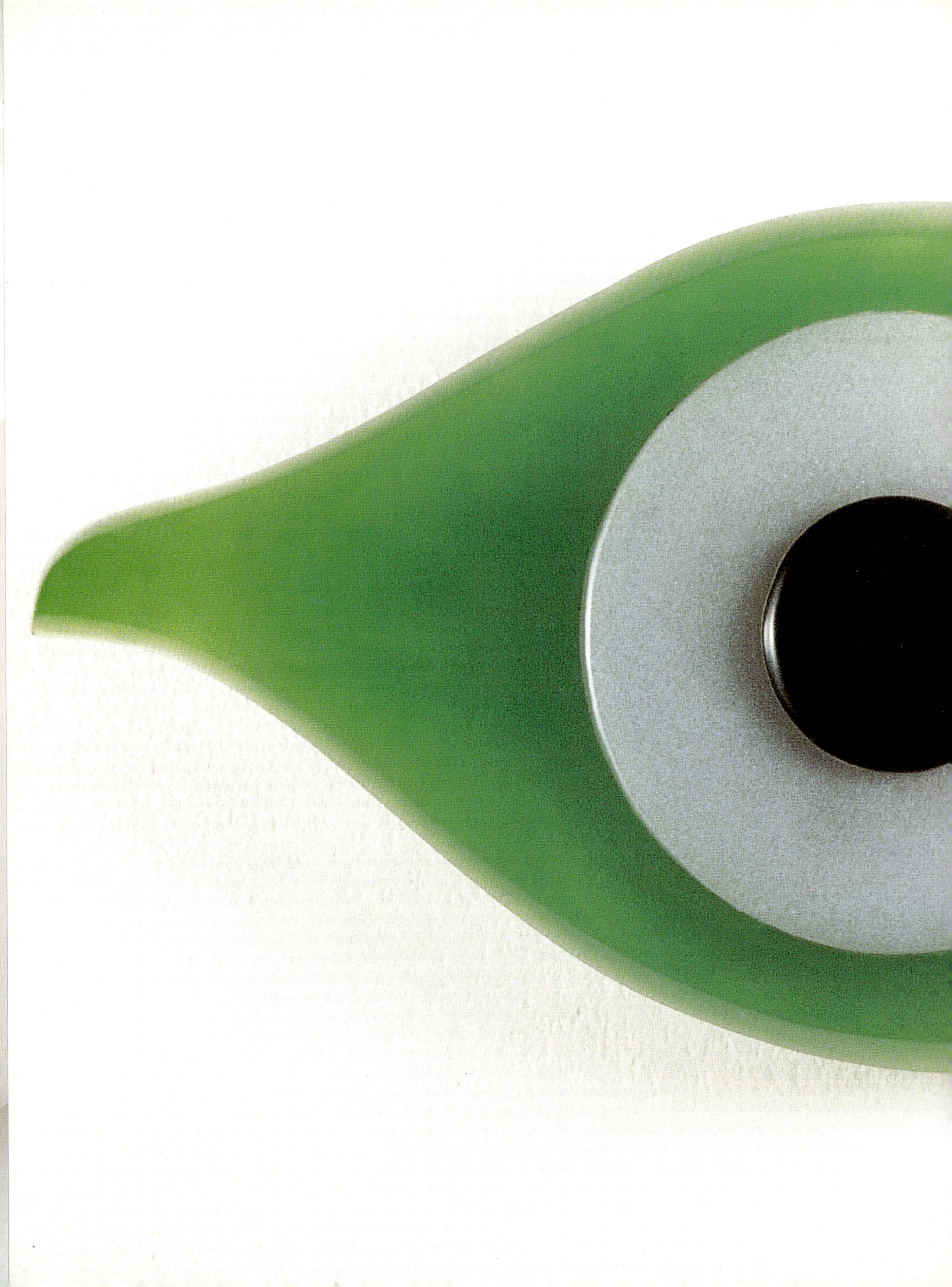

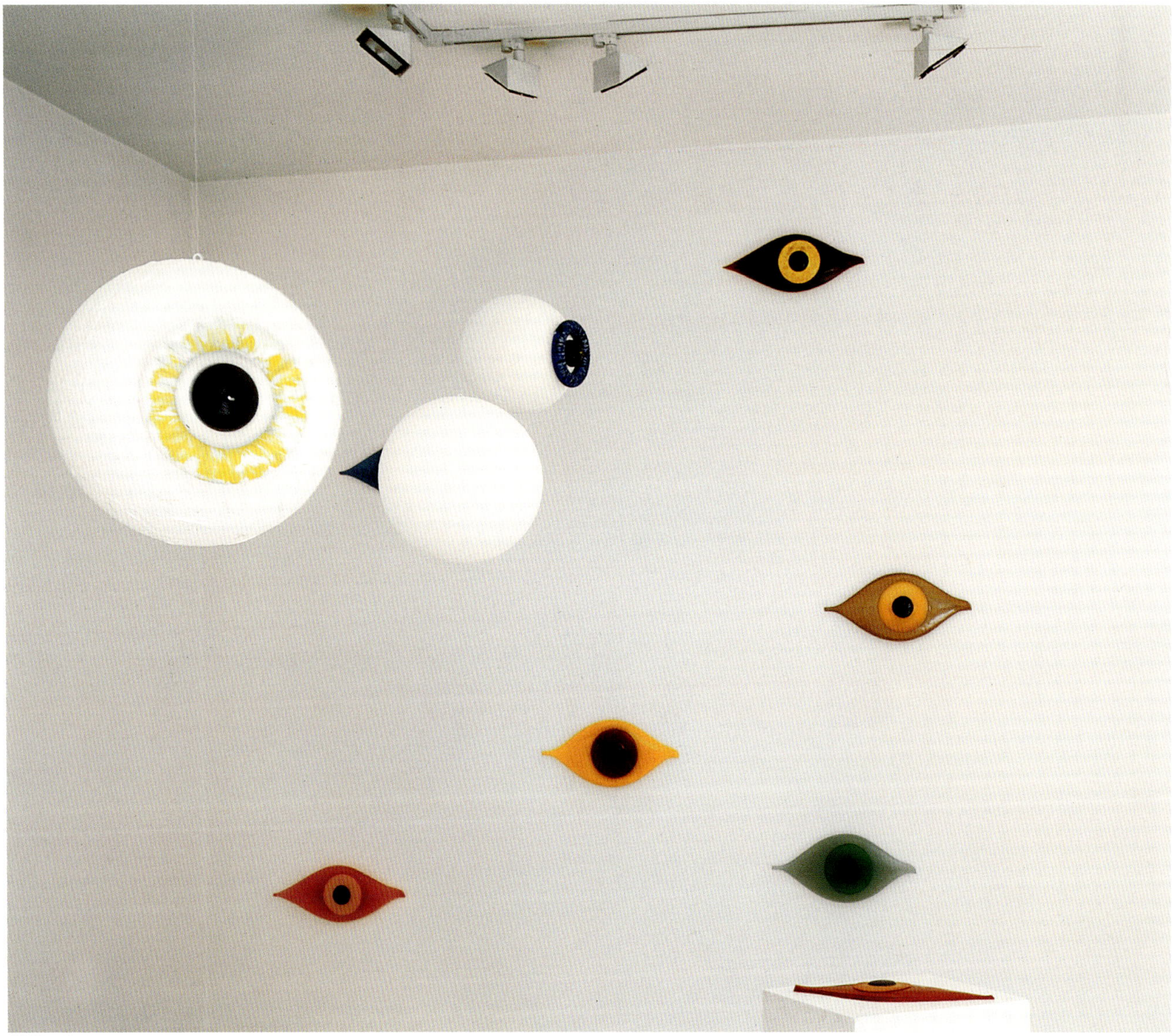

p. 50-55
Glances, 1999

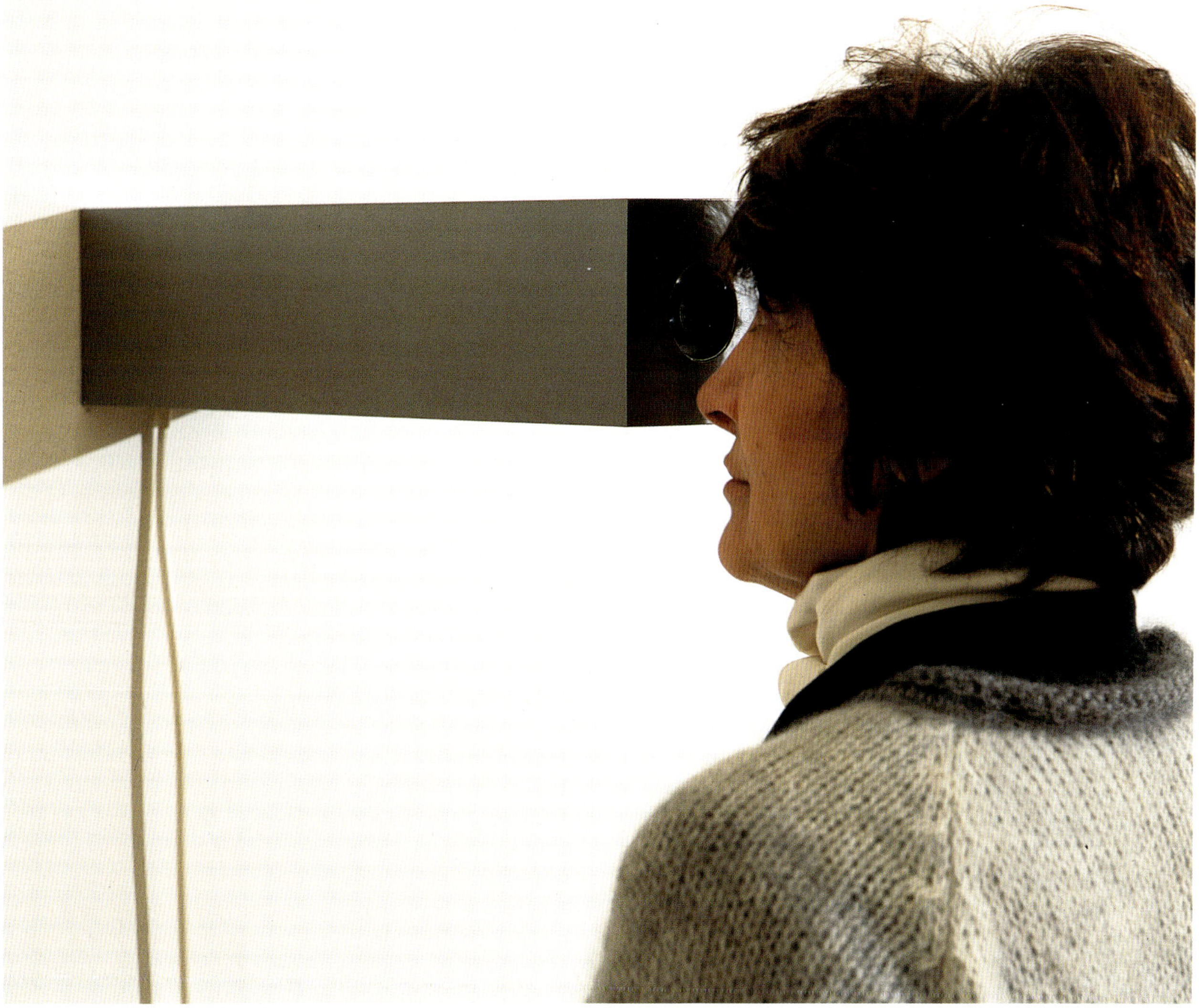

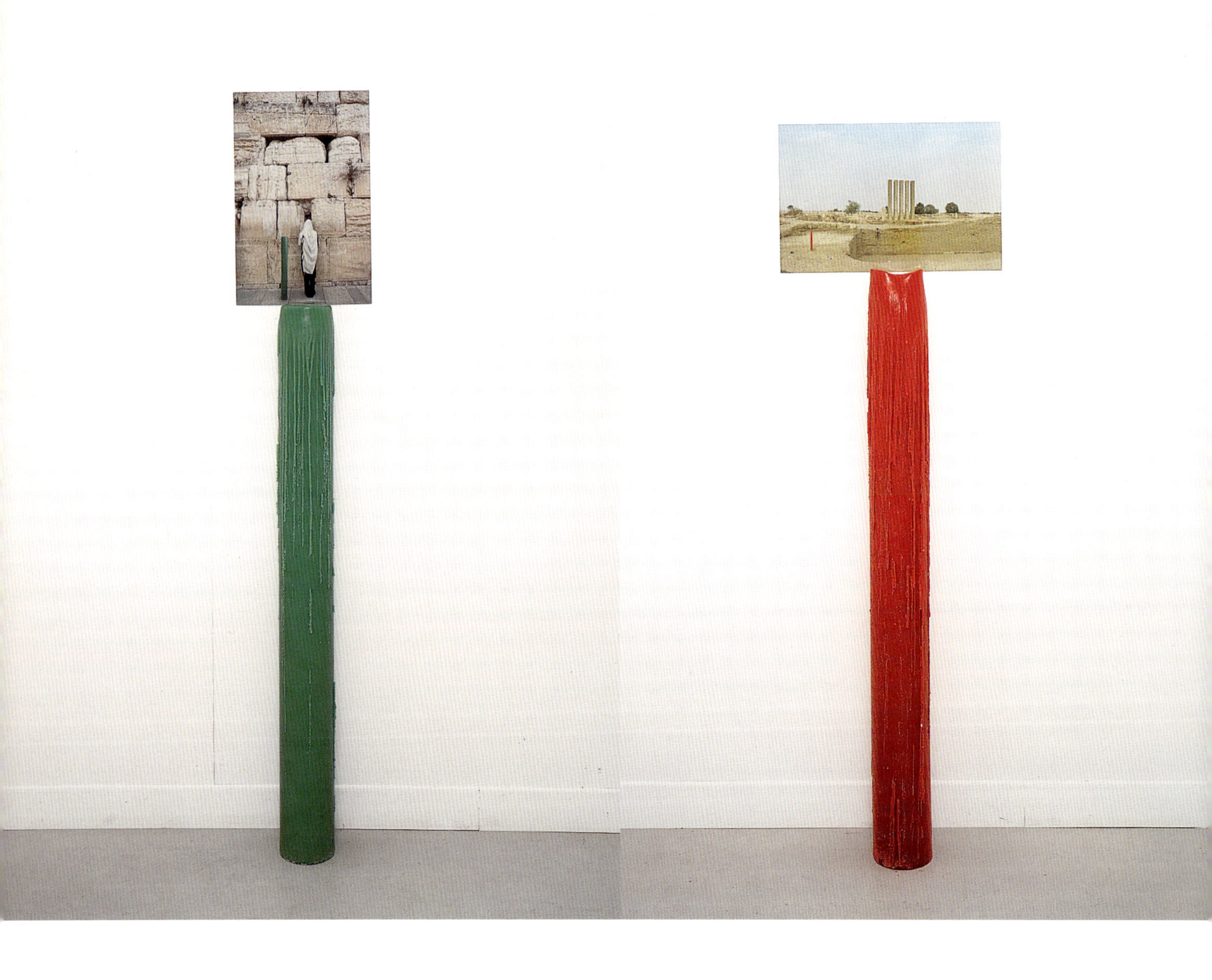

p. 56-57
Troppa luce, 1999

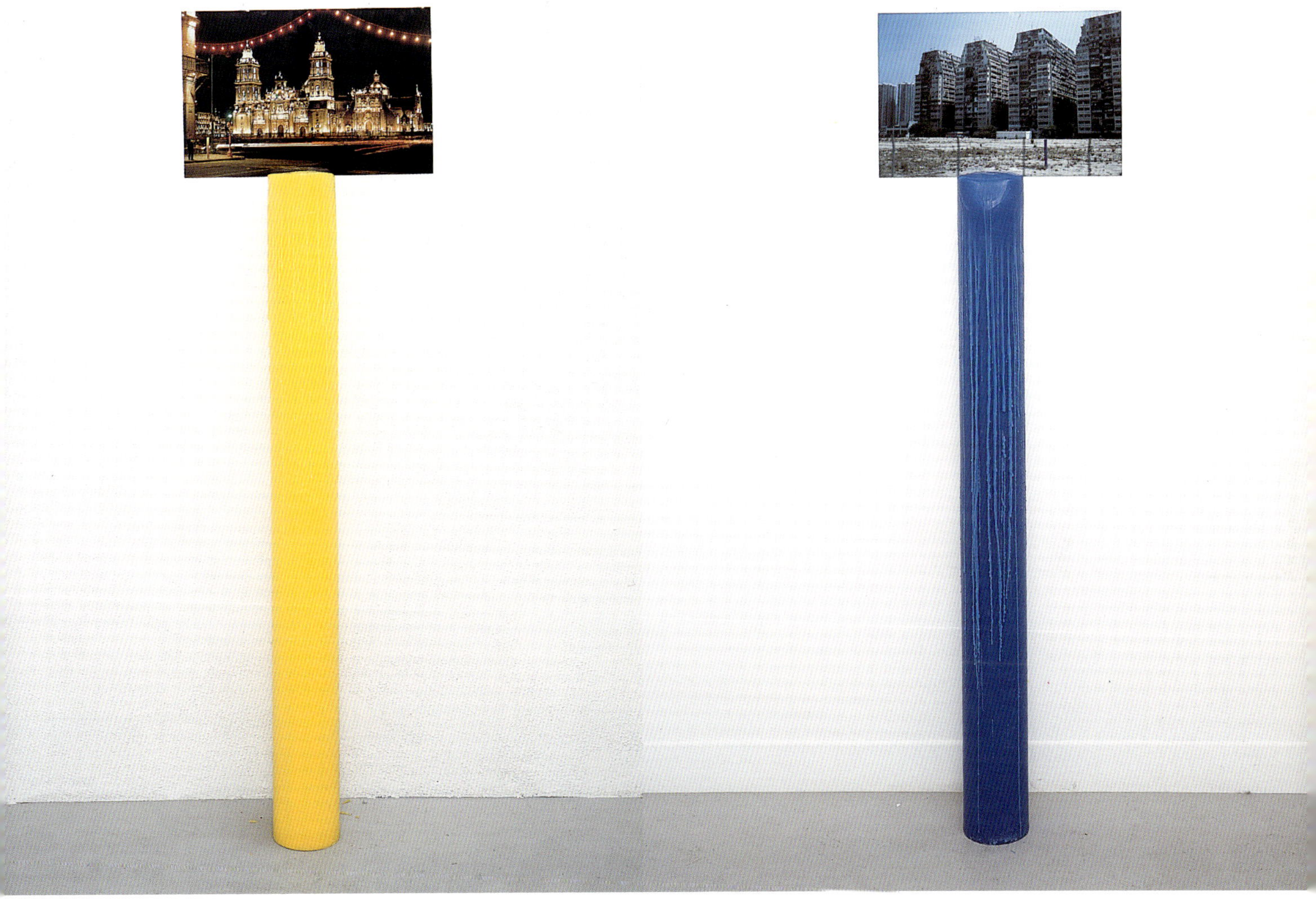

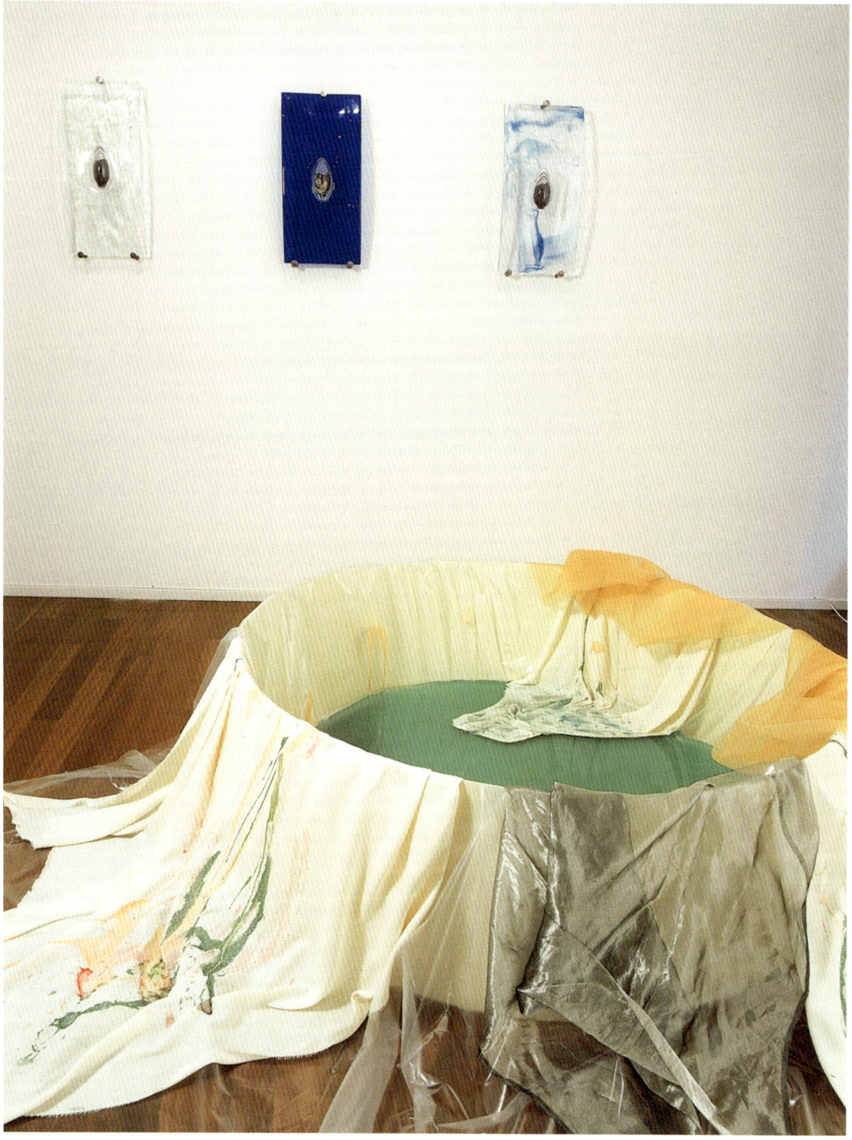

p. 58-59
Entr'acte, 1999

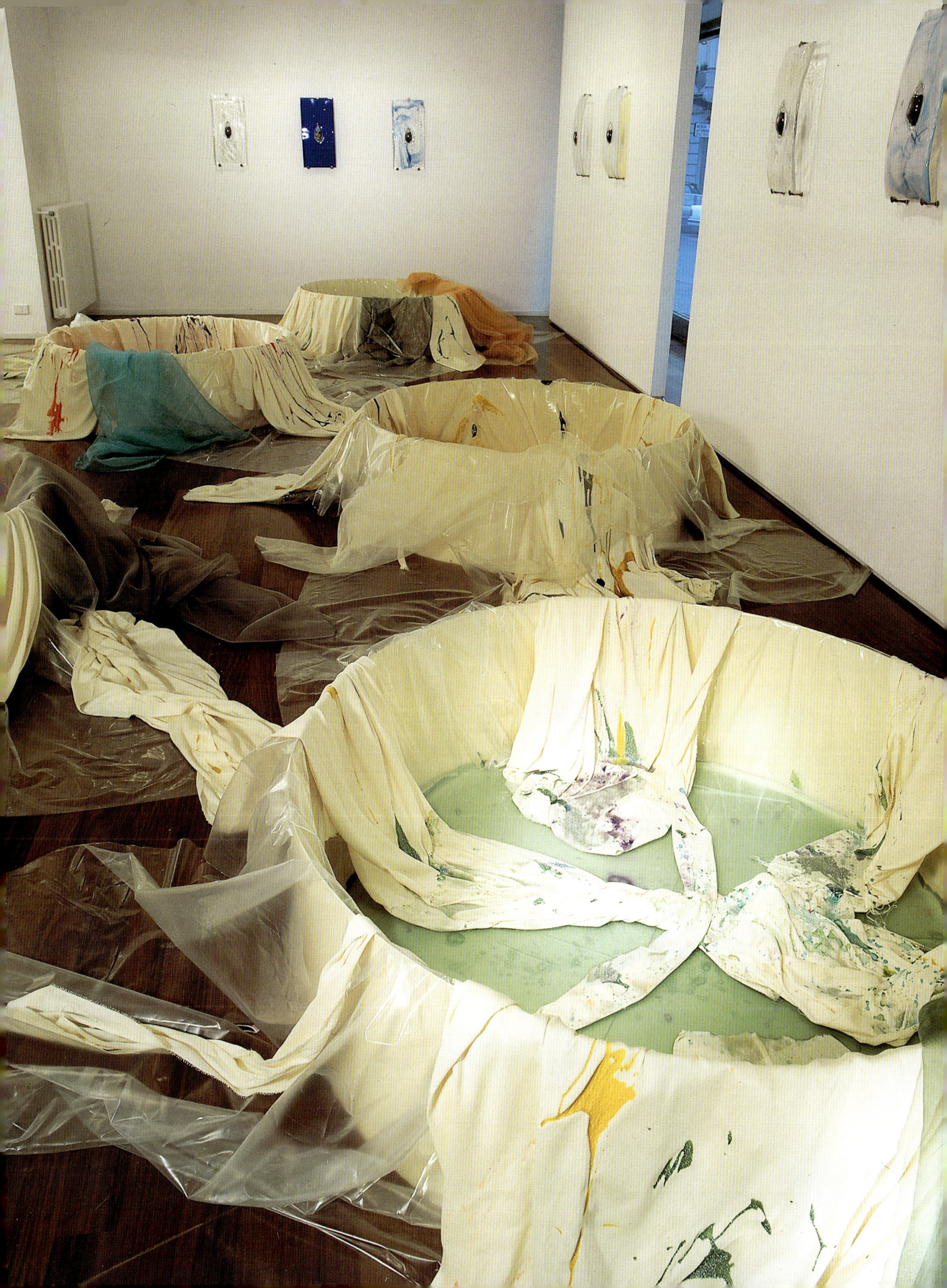

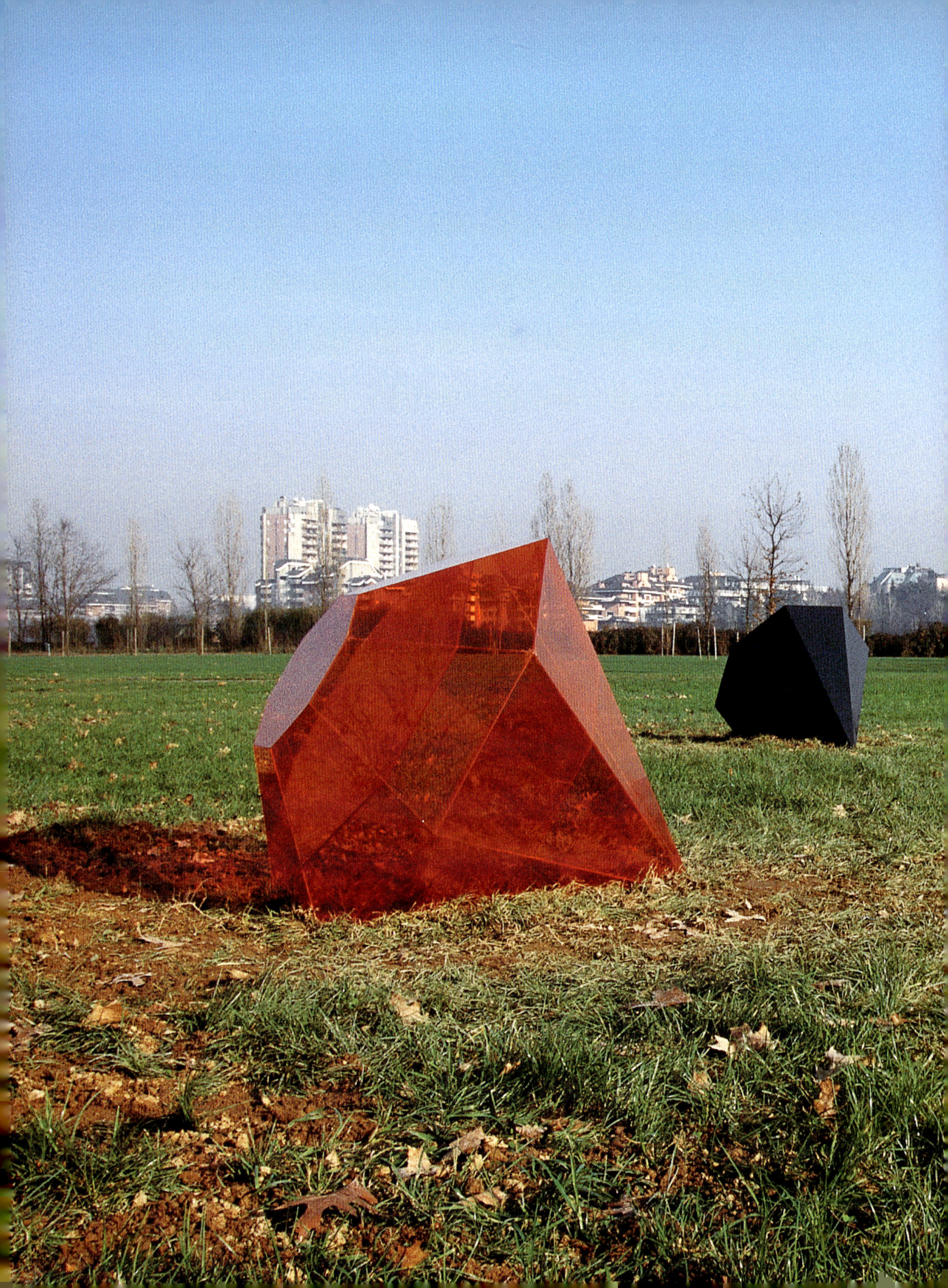

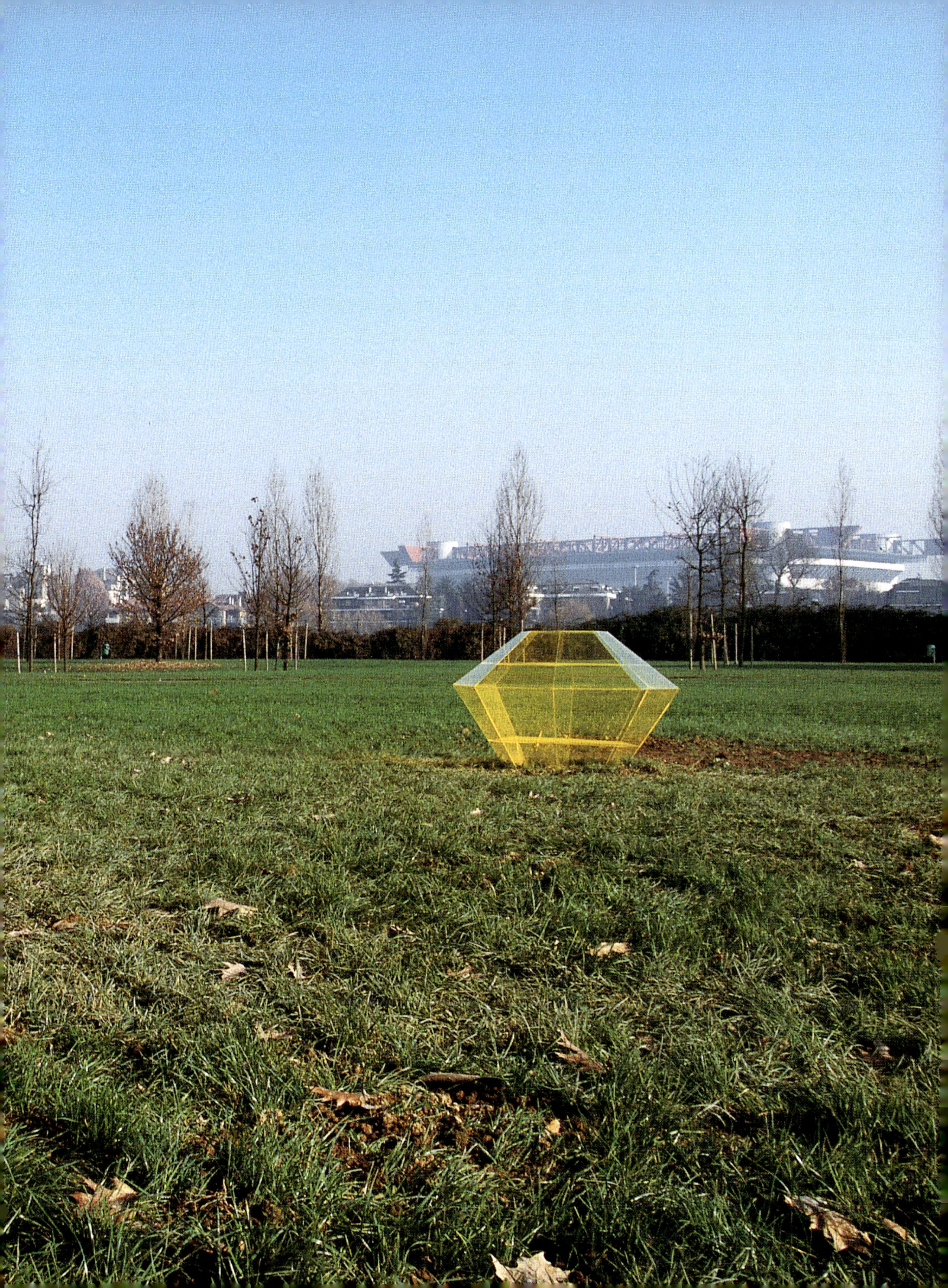

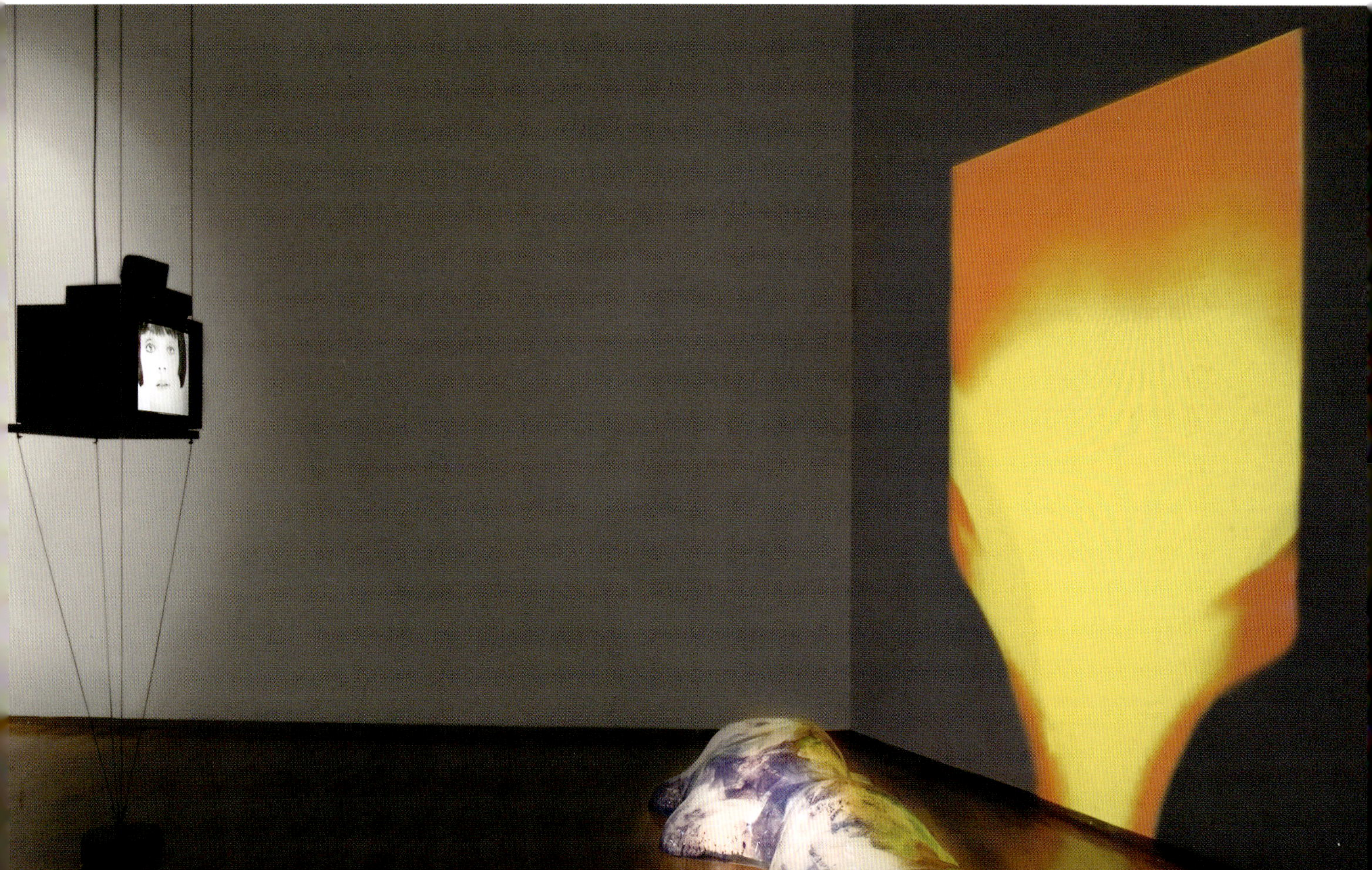

p. 60-61
Serendip, 2000

p. 62-63
Blob, 2000

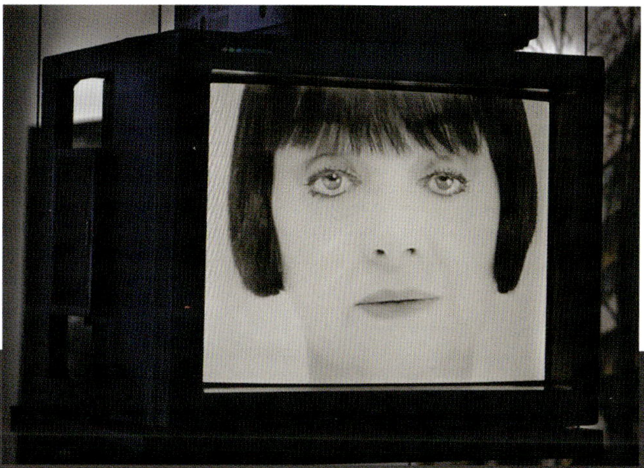
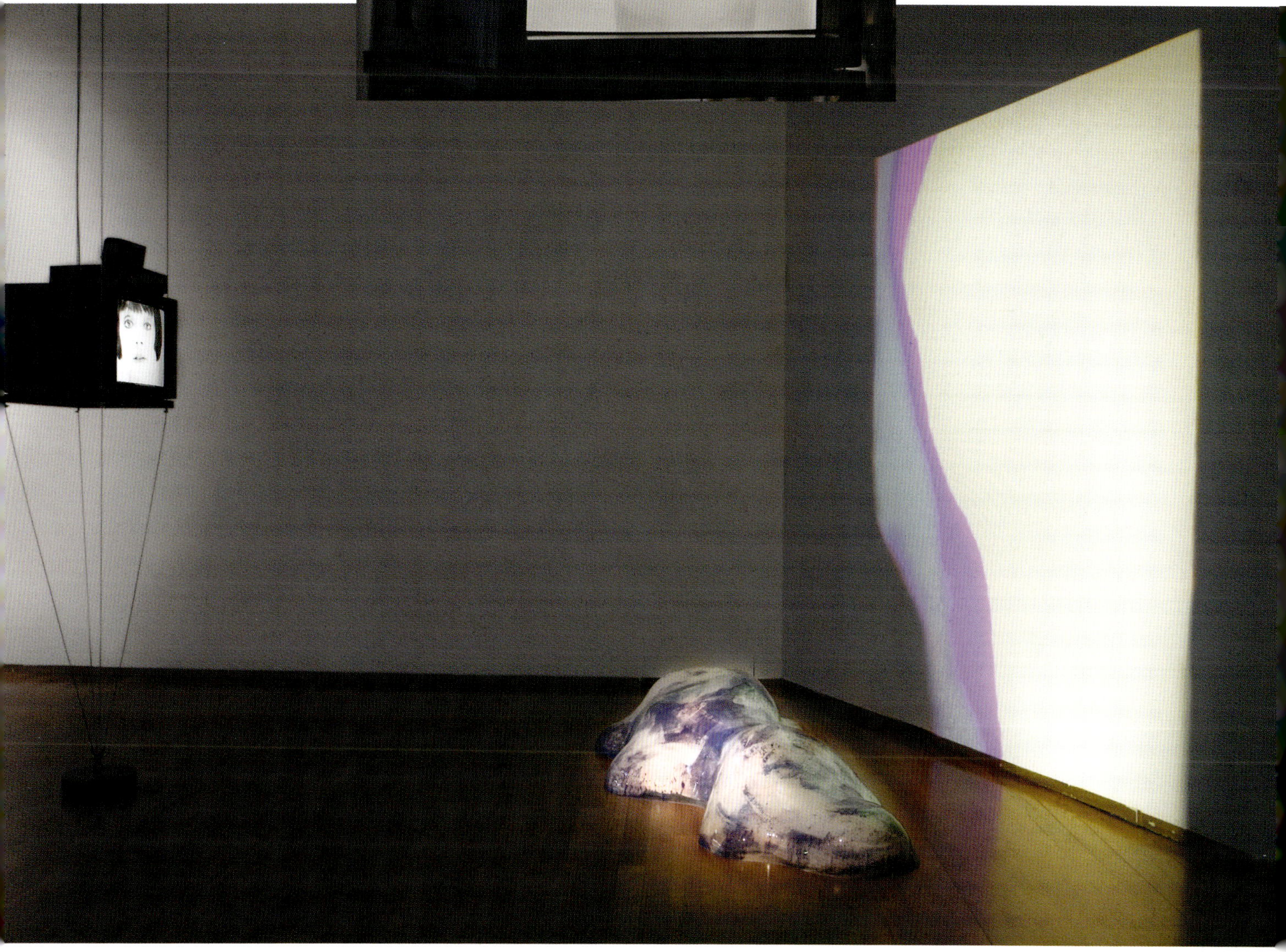

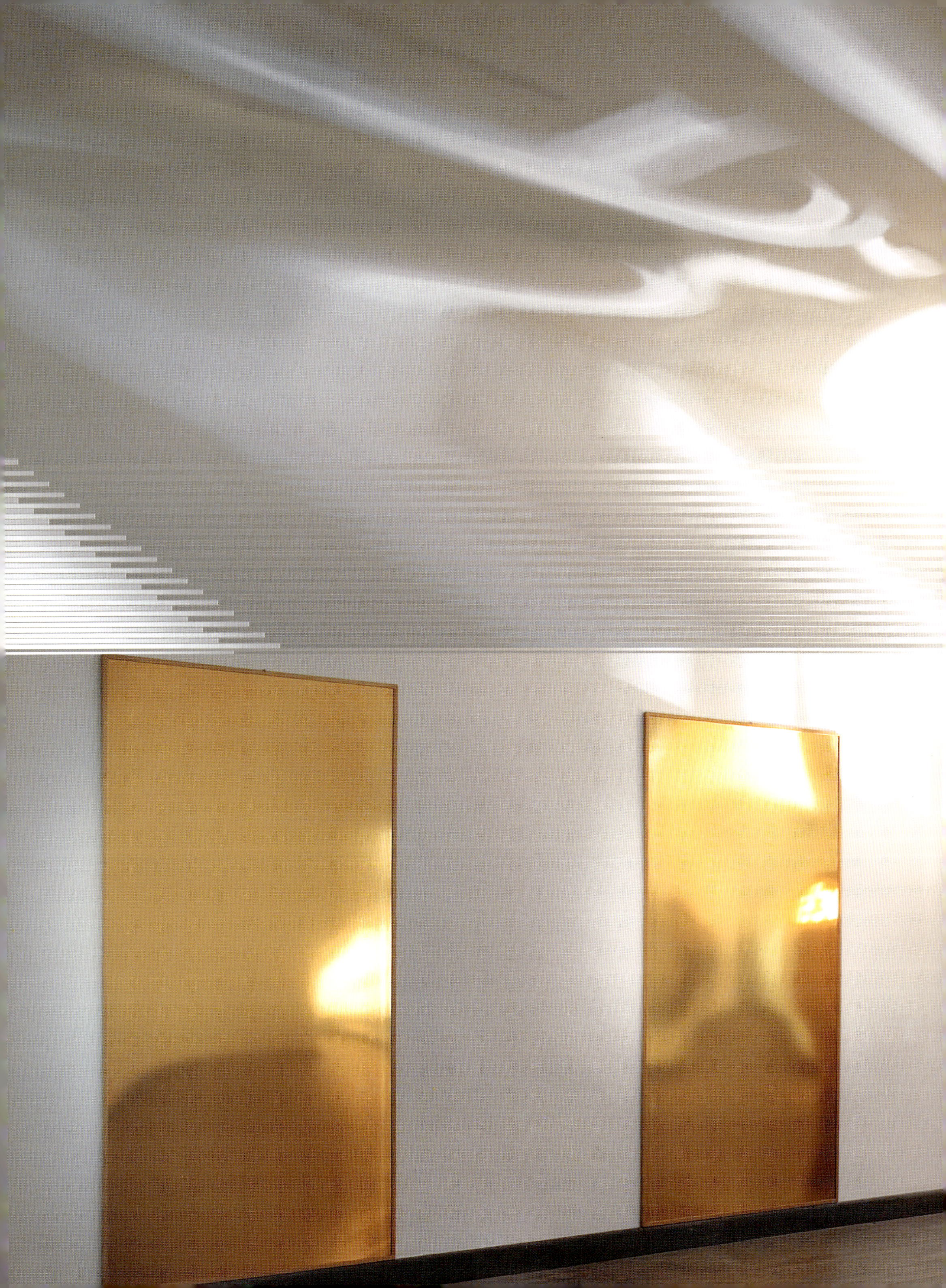

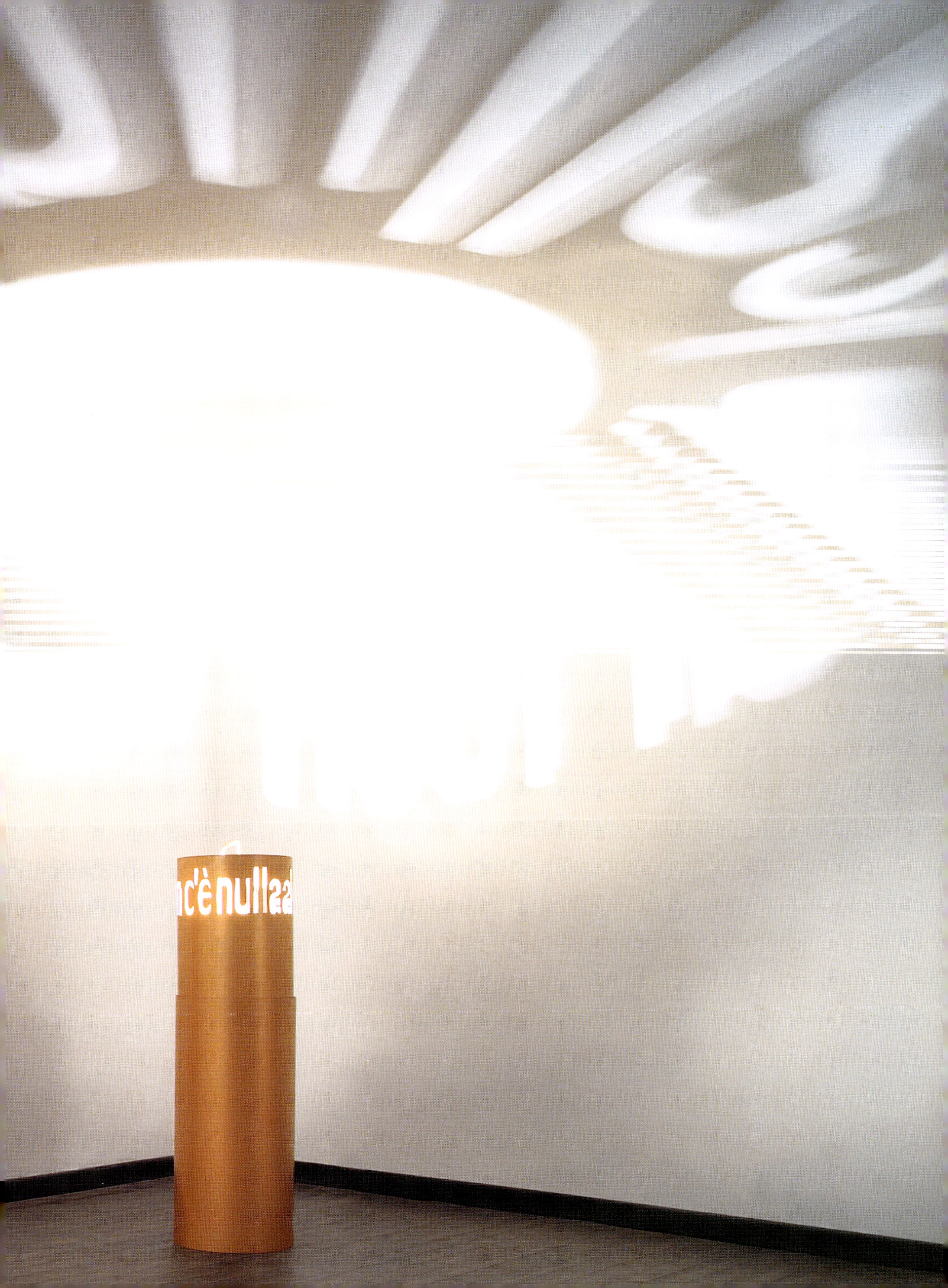
c'è nulla

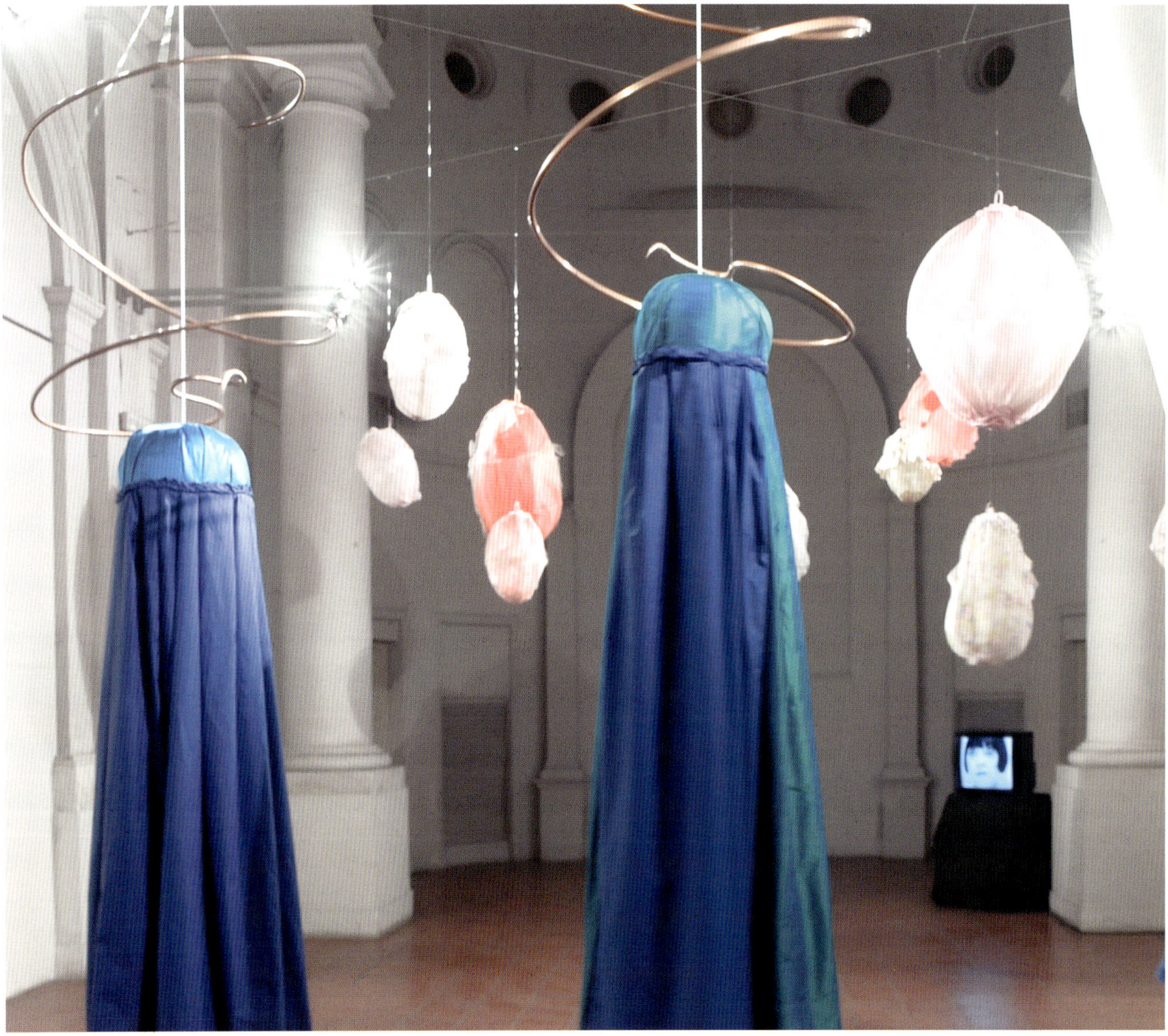

p. 64-65
Non c'è nulla al di fuori, 2000

p. 66-67
Giorni Felici, 1997

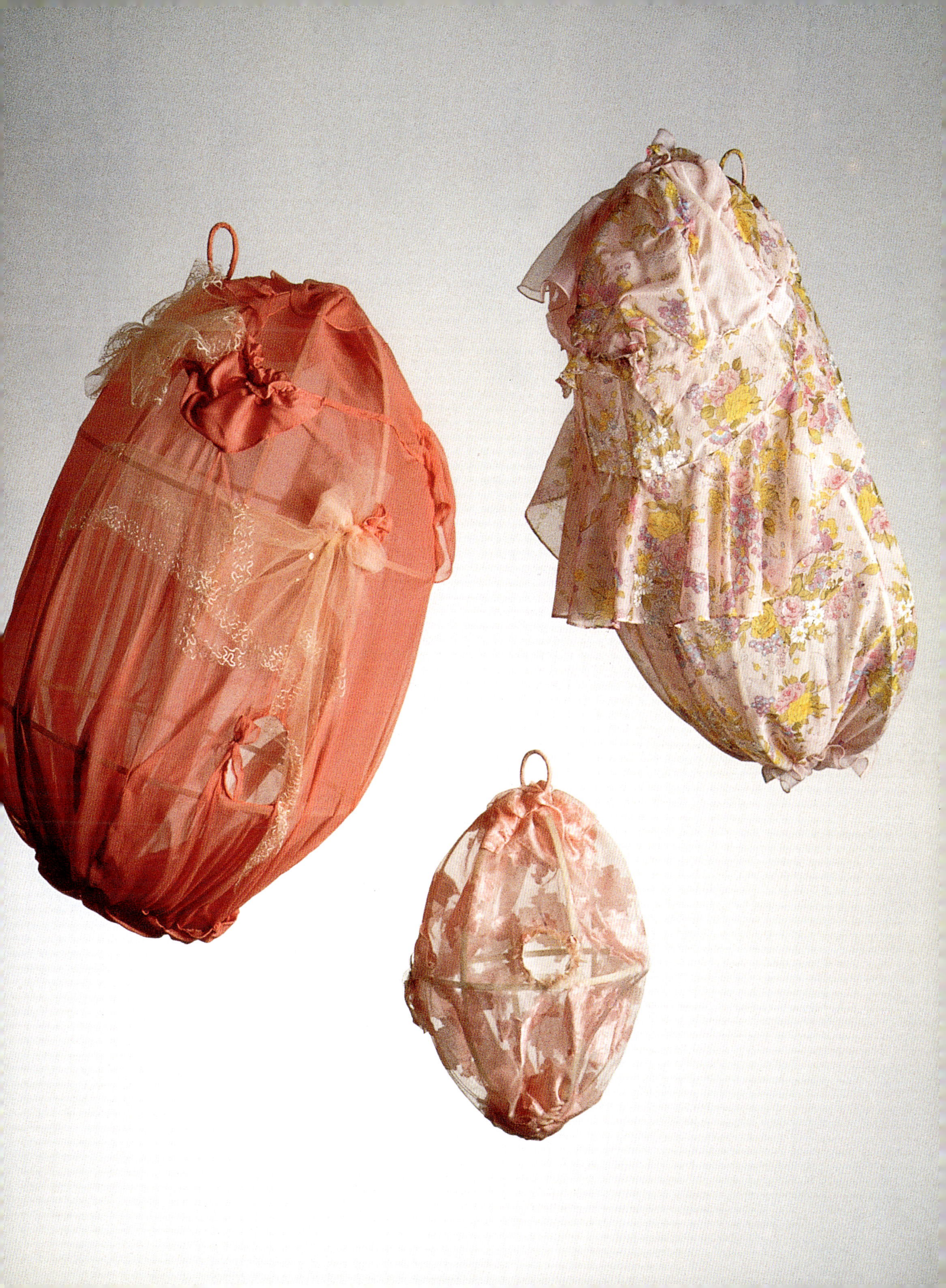

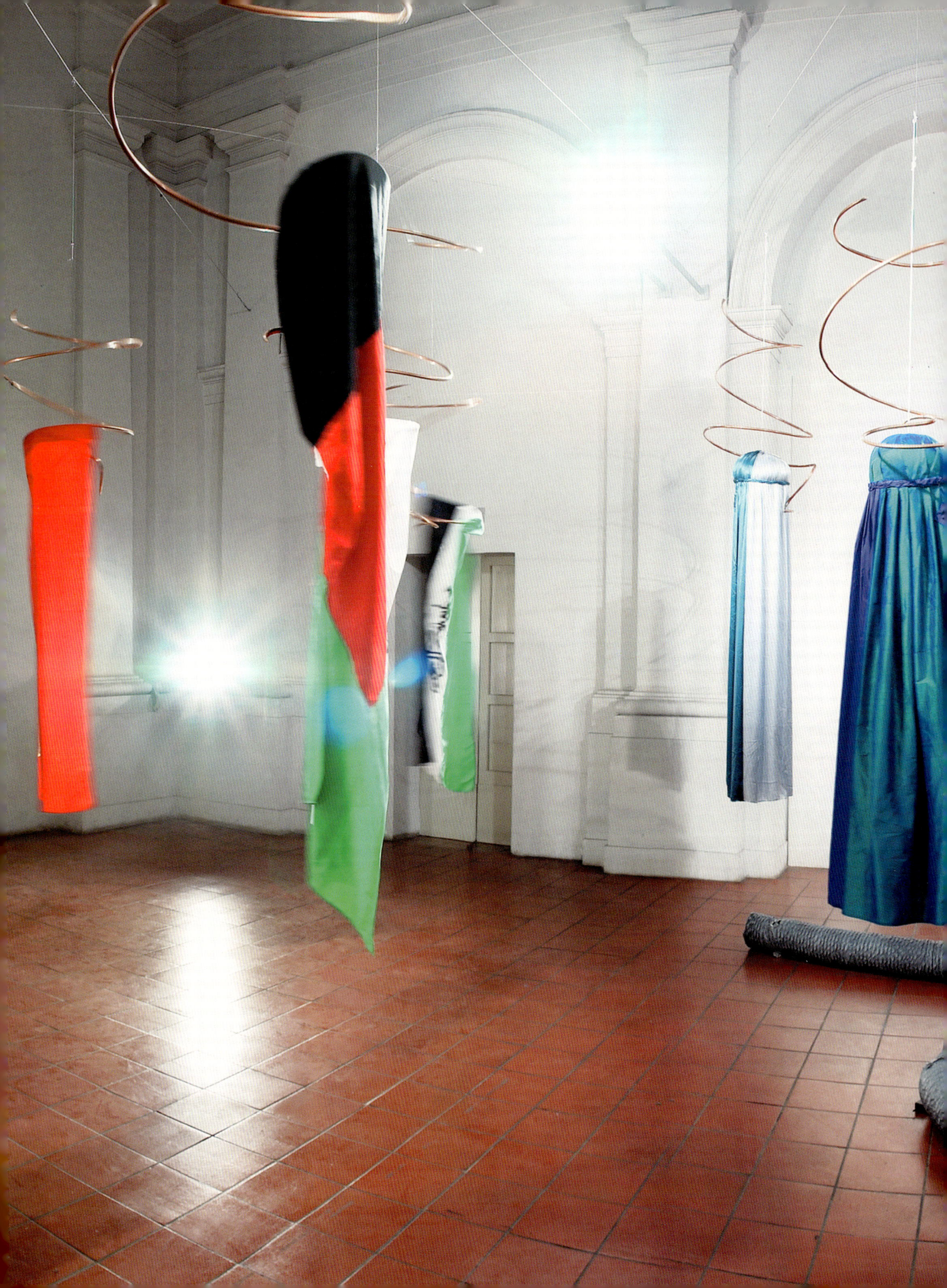

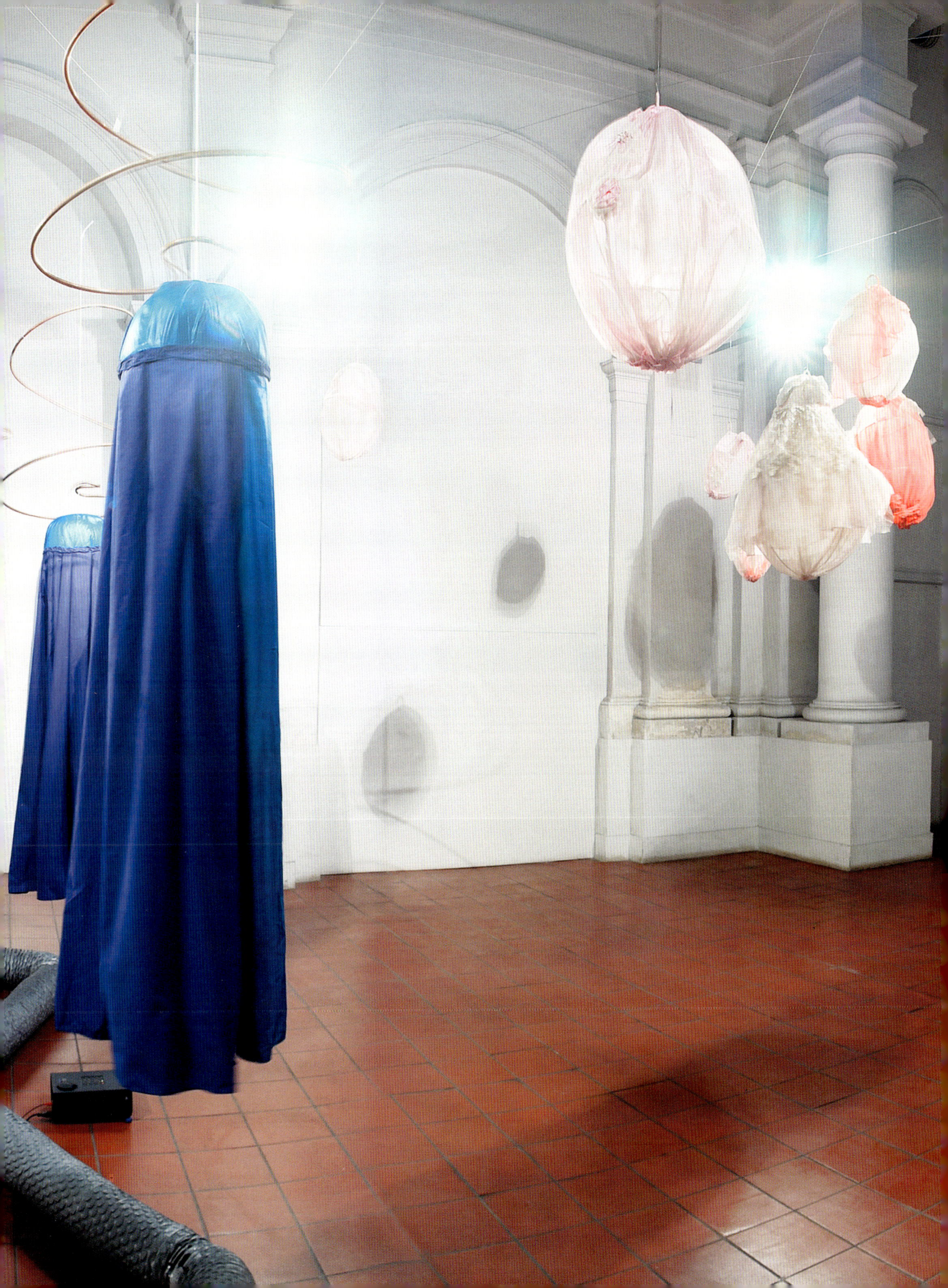

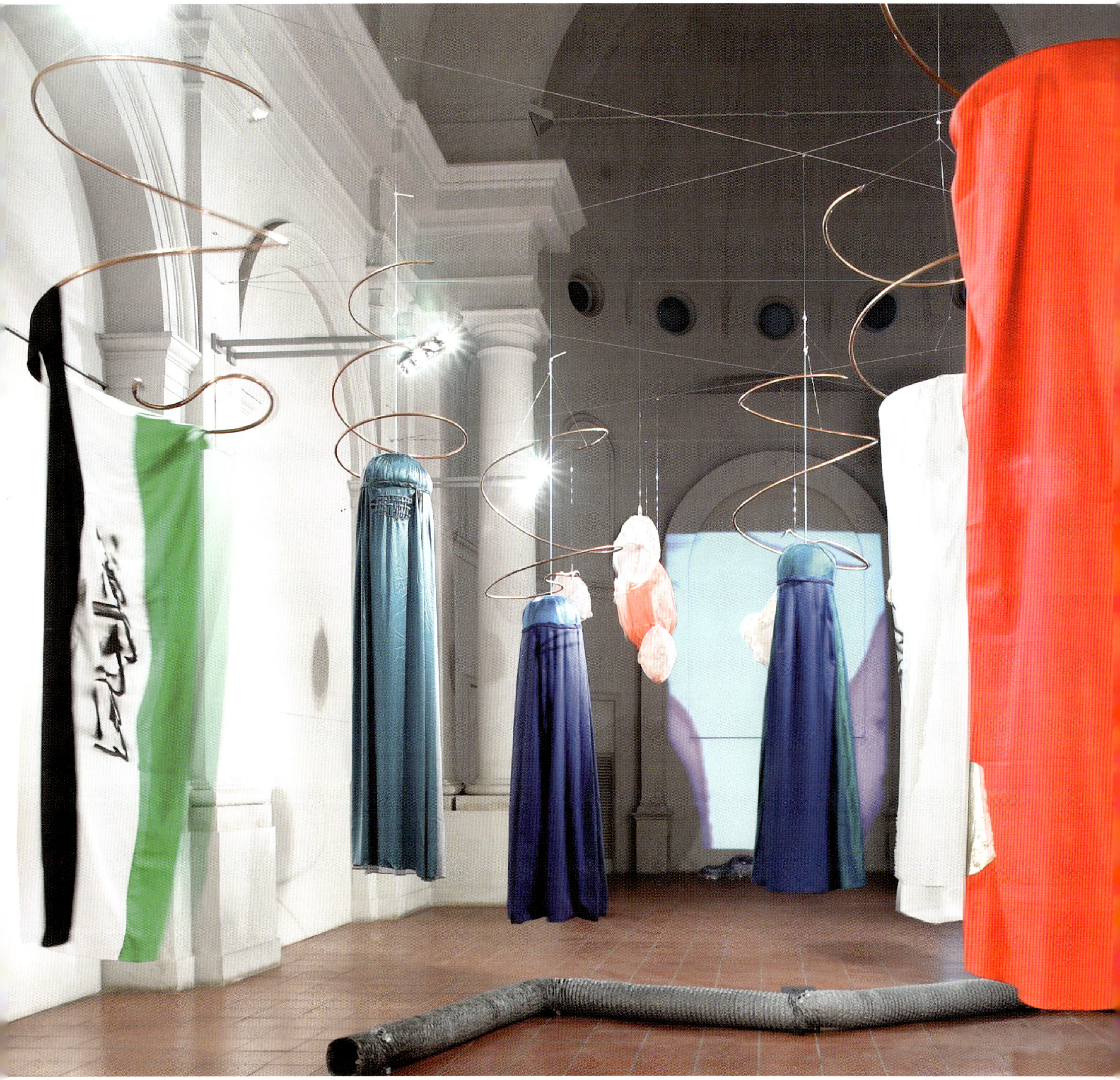

p. 68-71
Peshawar, 2001

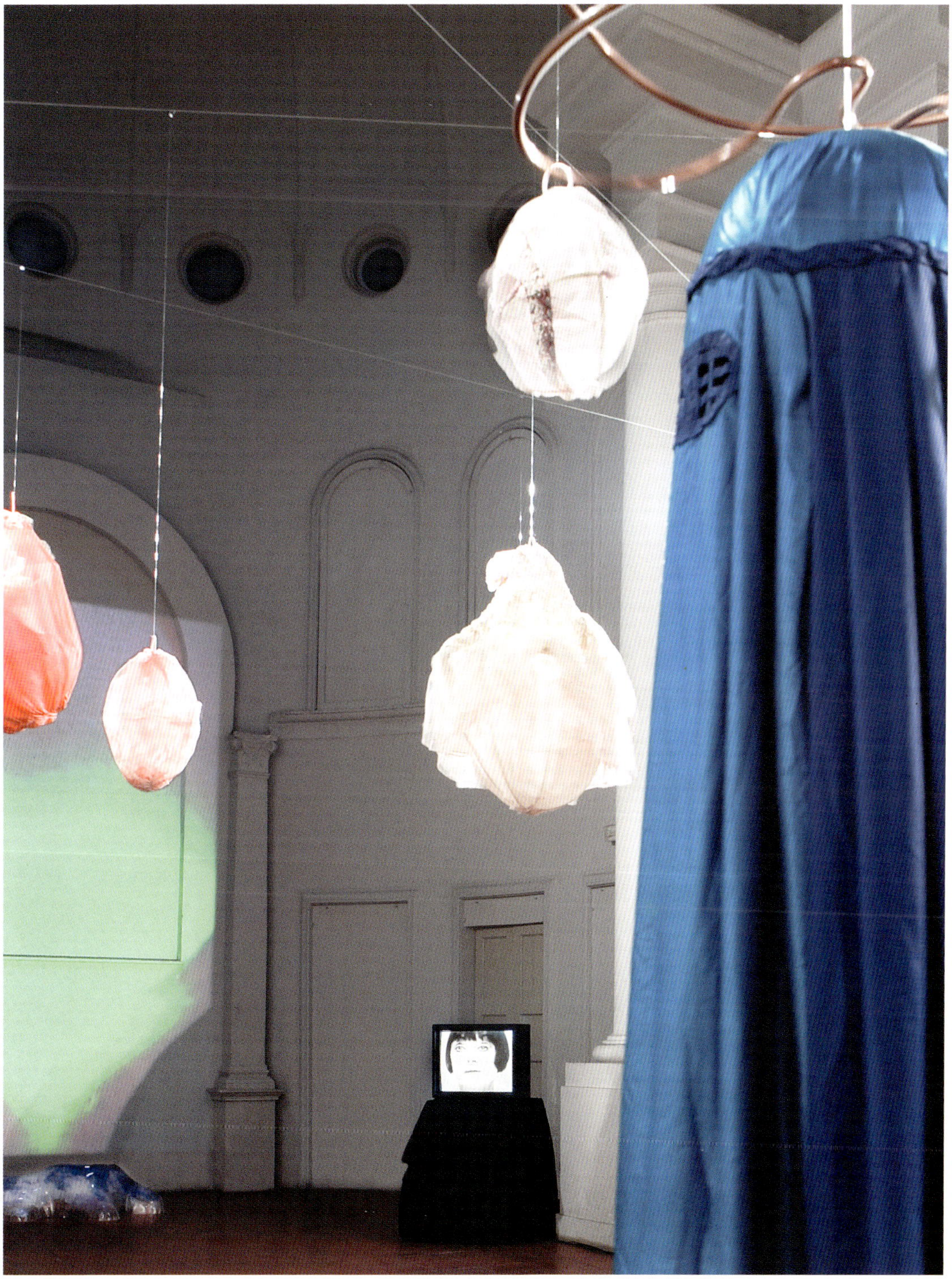

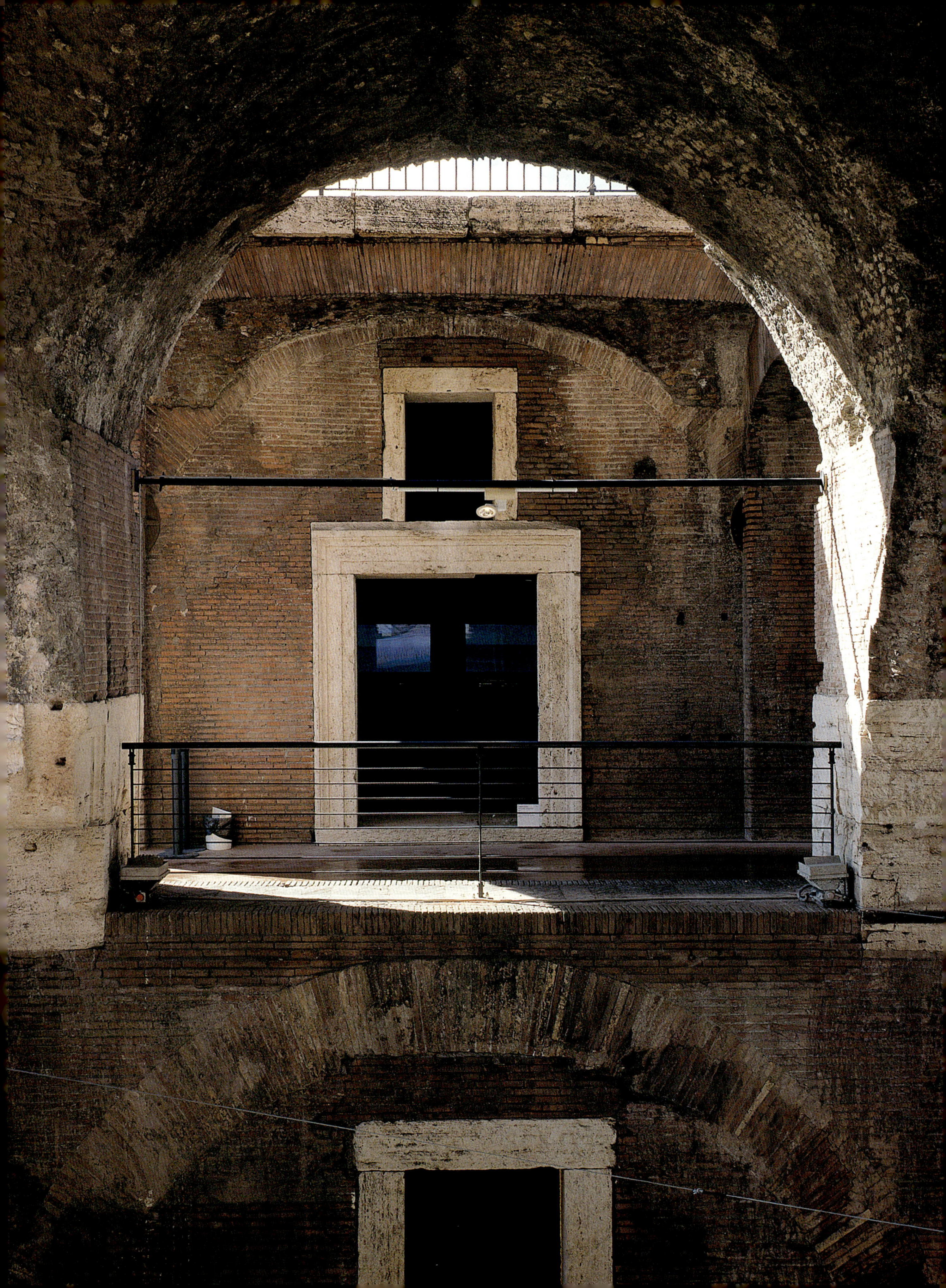

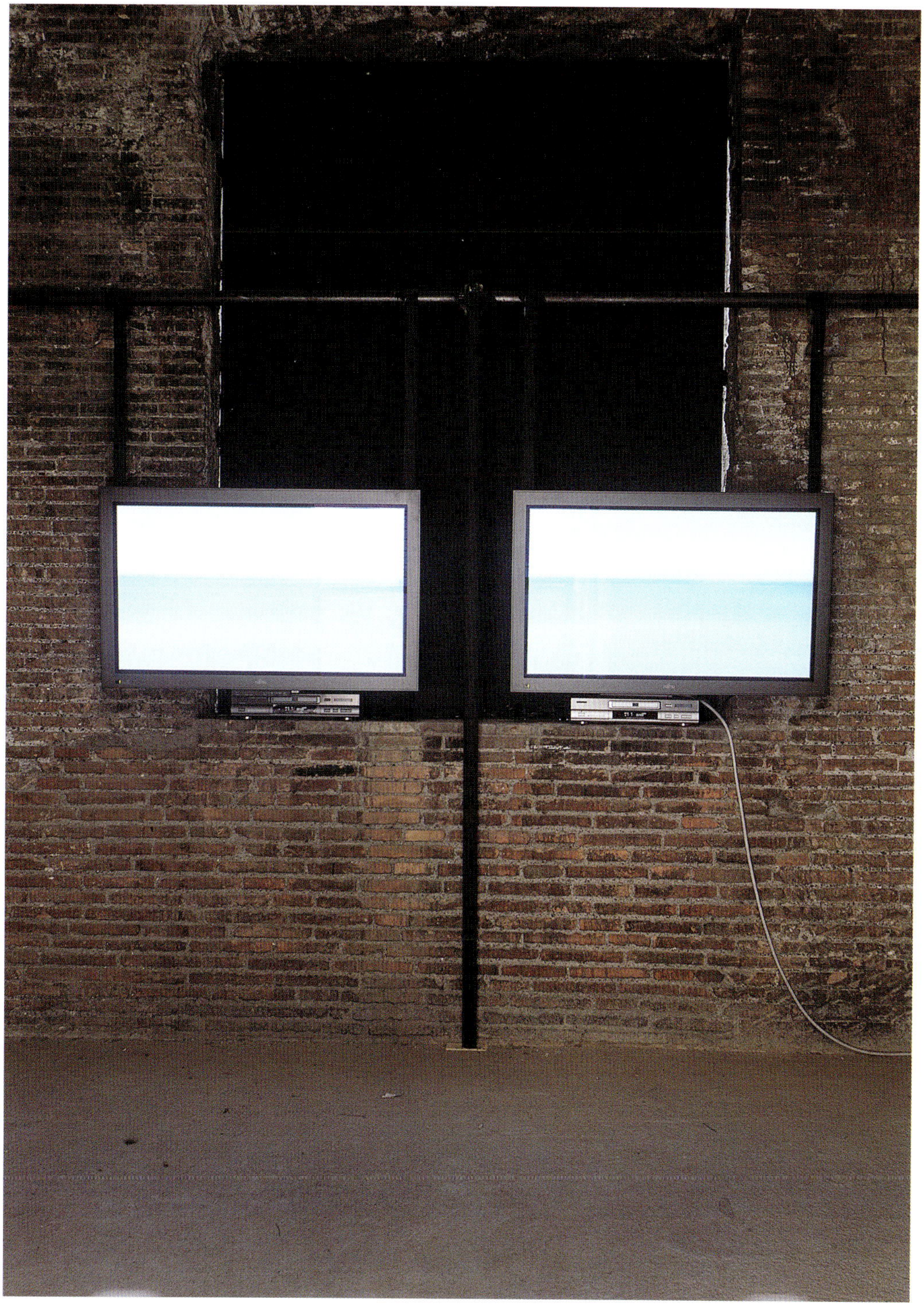

p. 72-75
Mare della Tranquillità, 2001

74 76

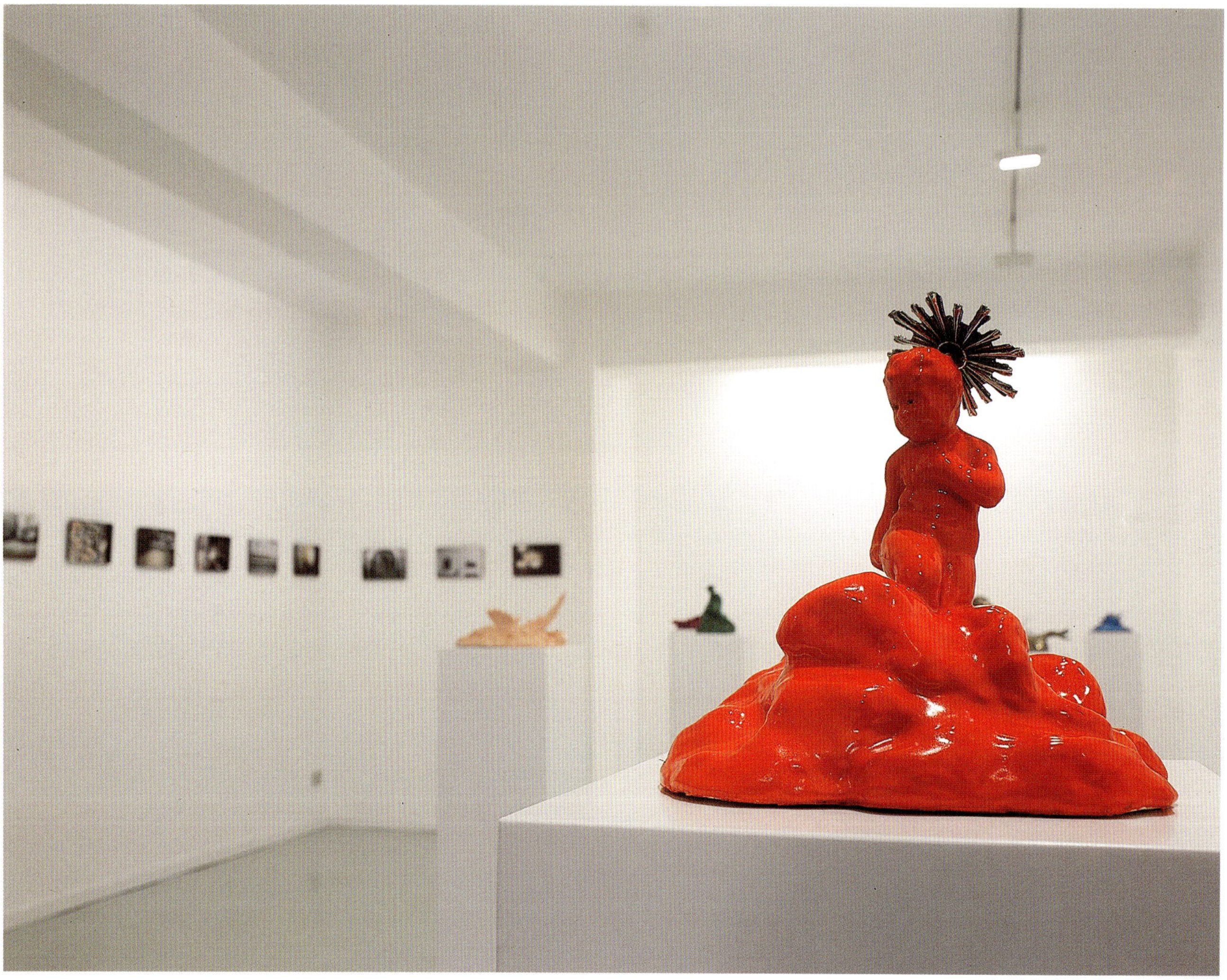

p. 76-78
Delitto Perfetto, 2001

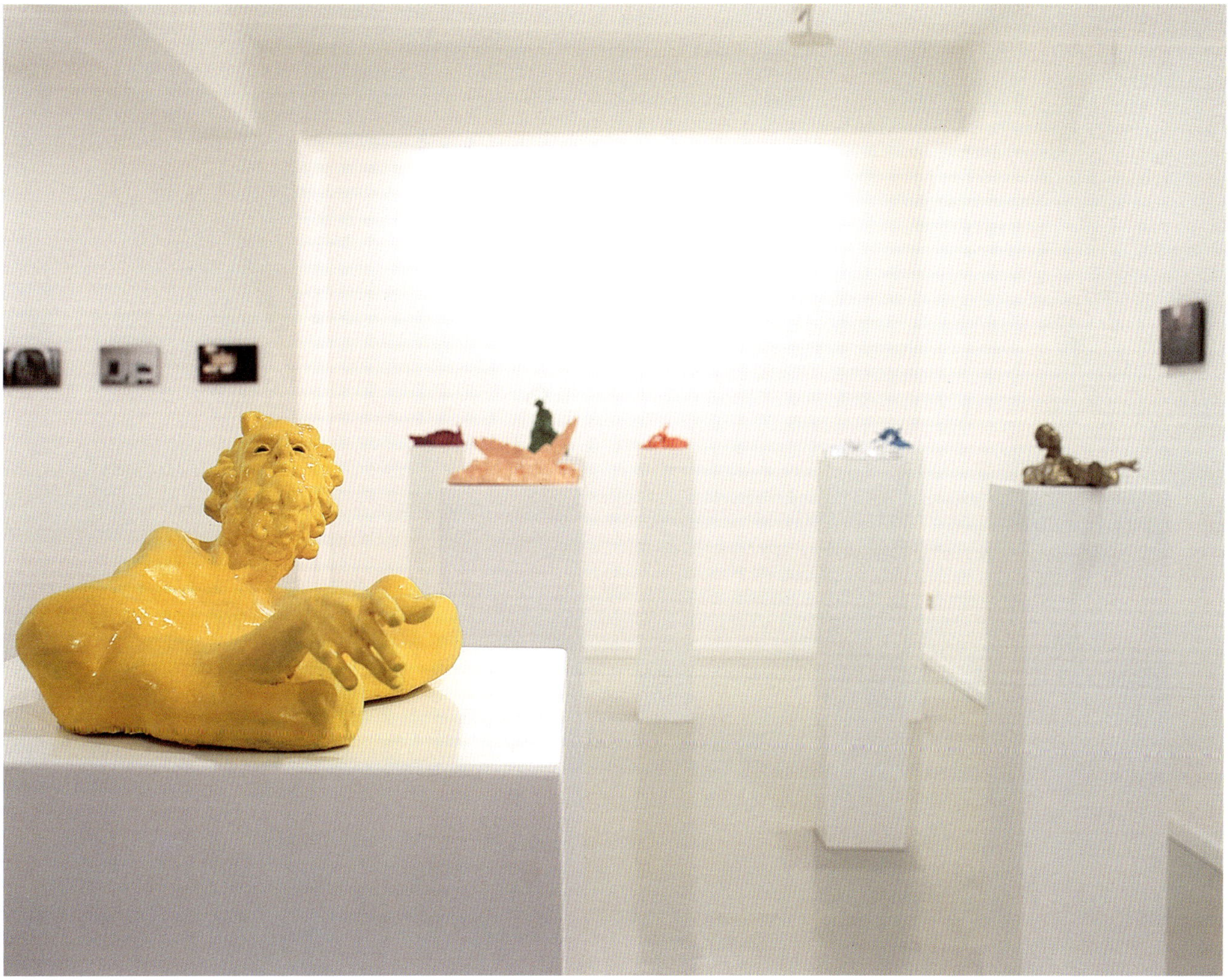

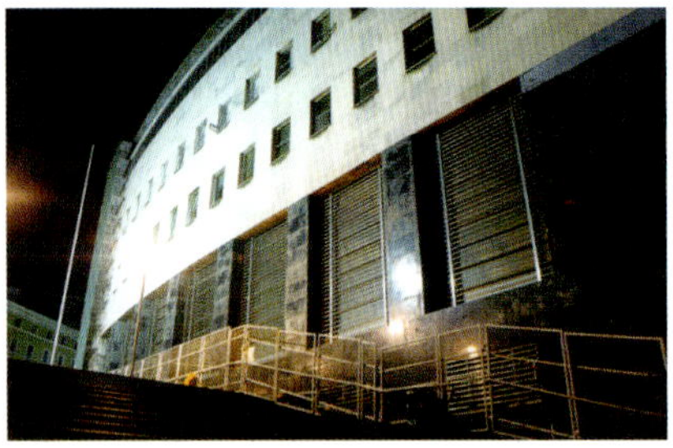
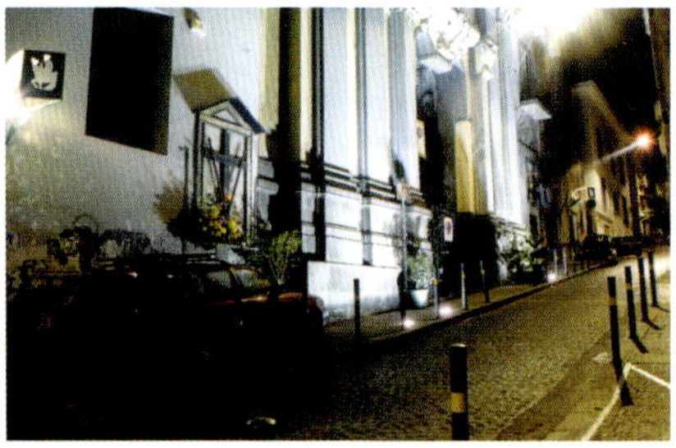
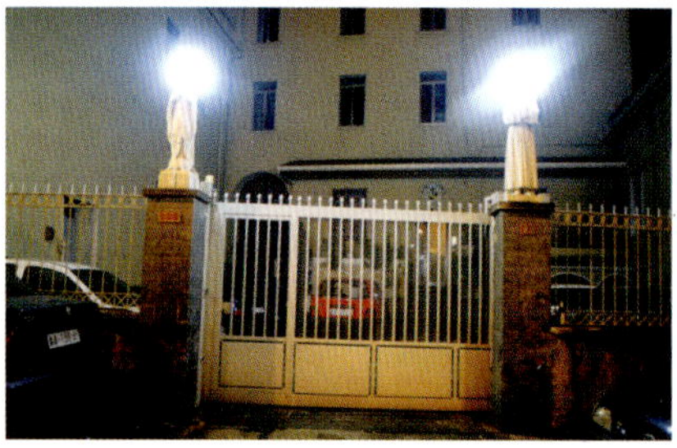
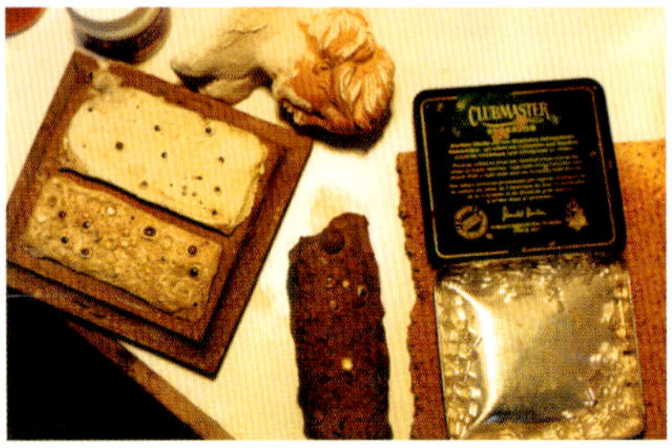
CLUBMASTER
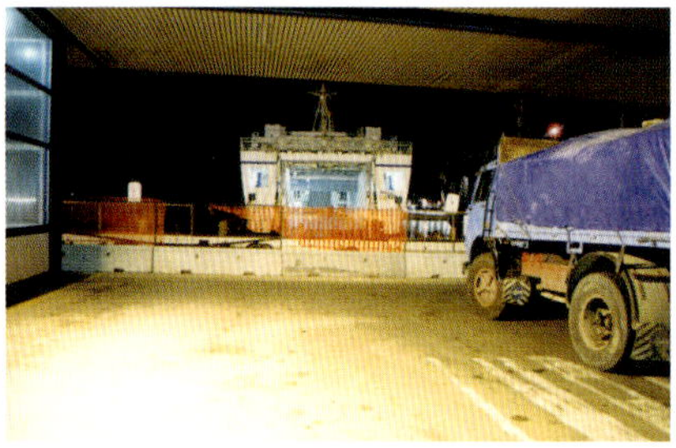
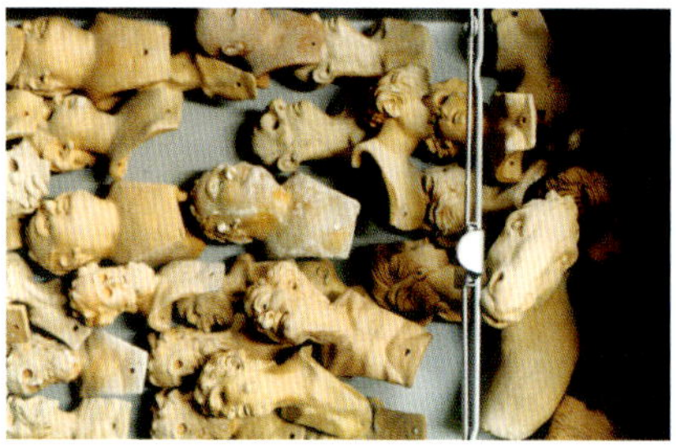
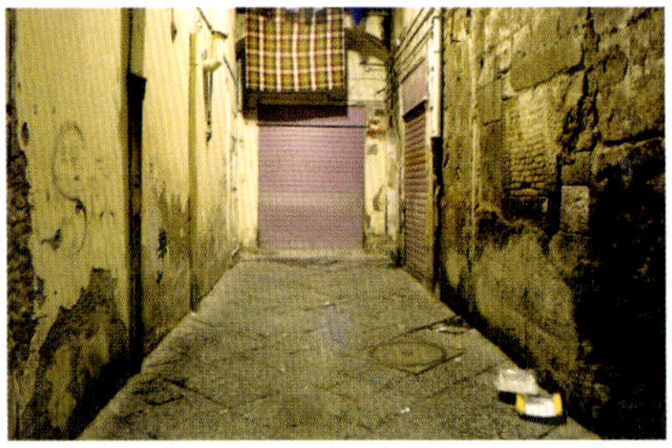
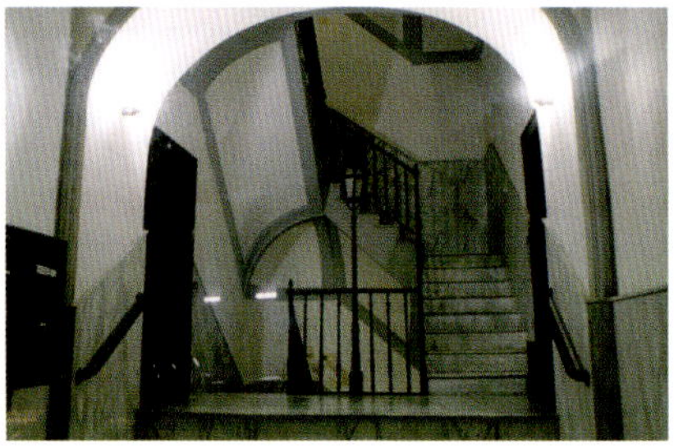
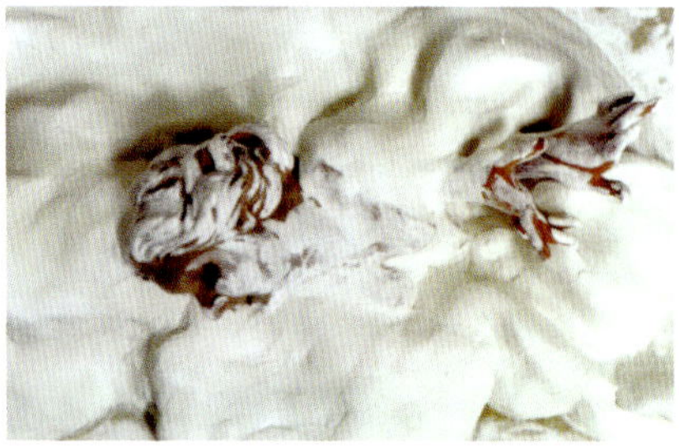
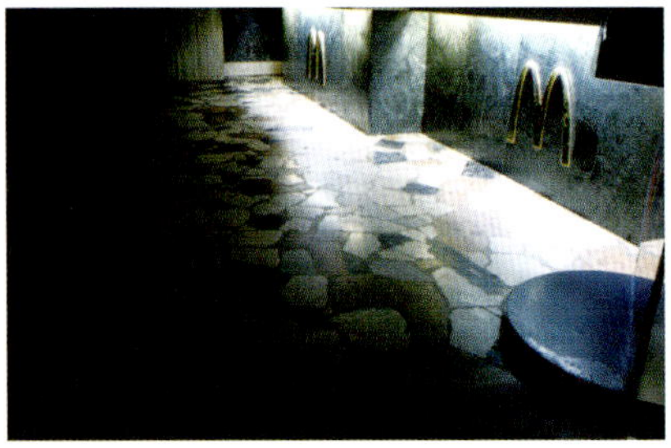
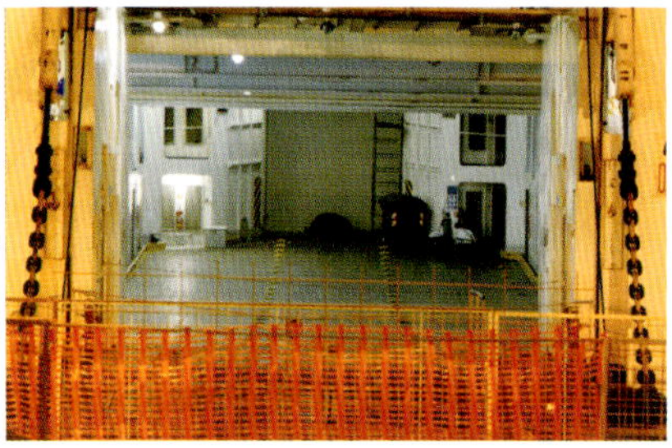
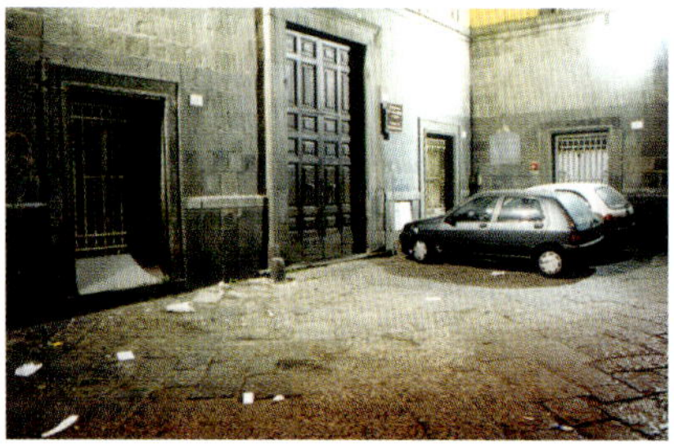

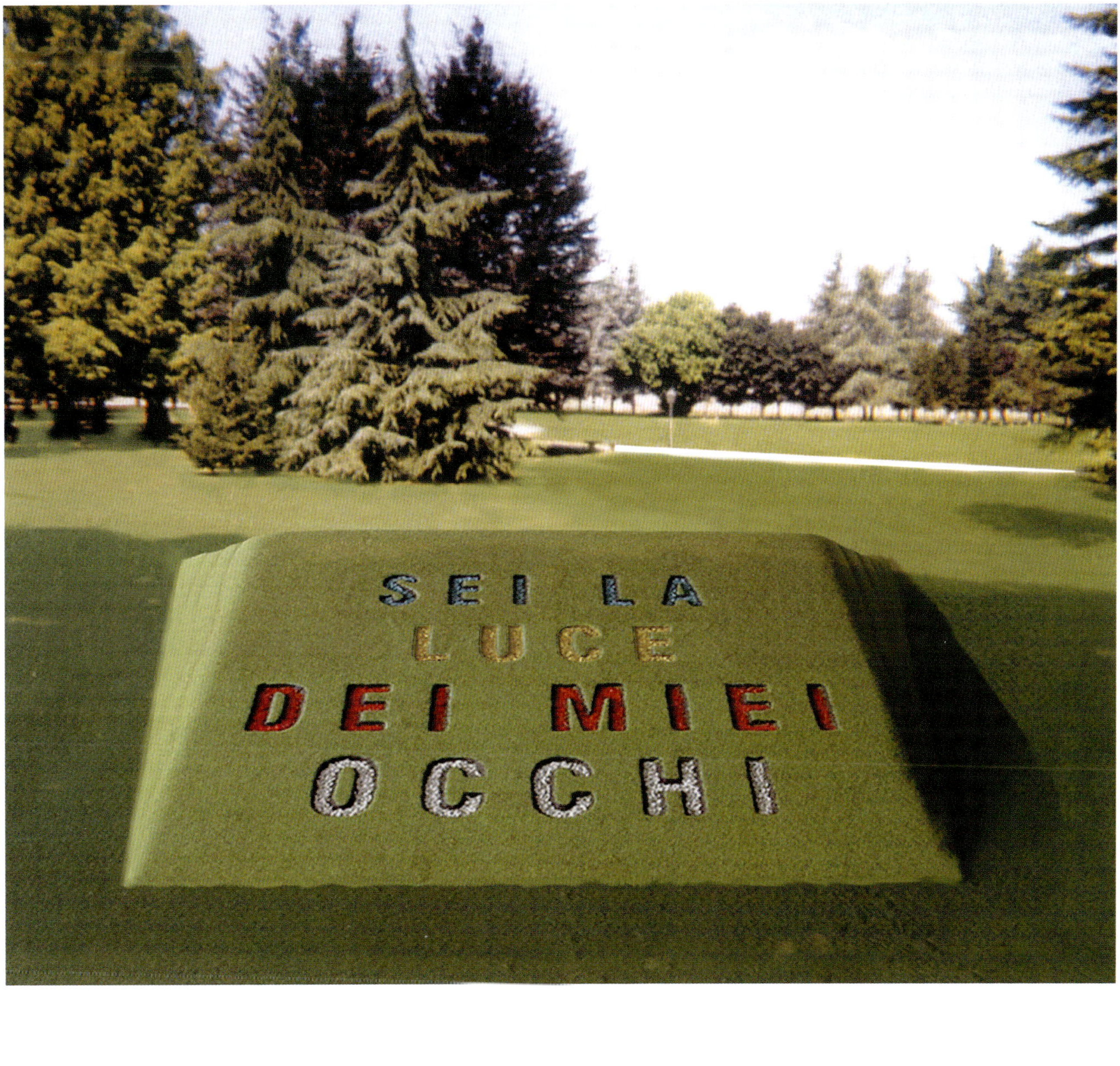

p. 78-79
Sei la luce dei miei occhi, 2001

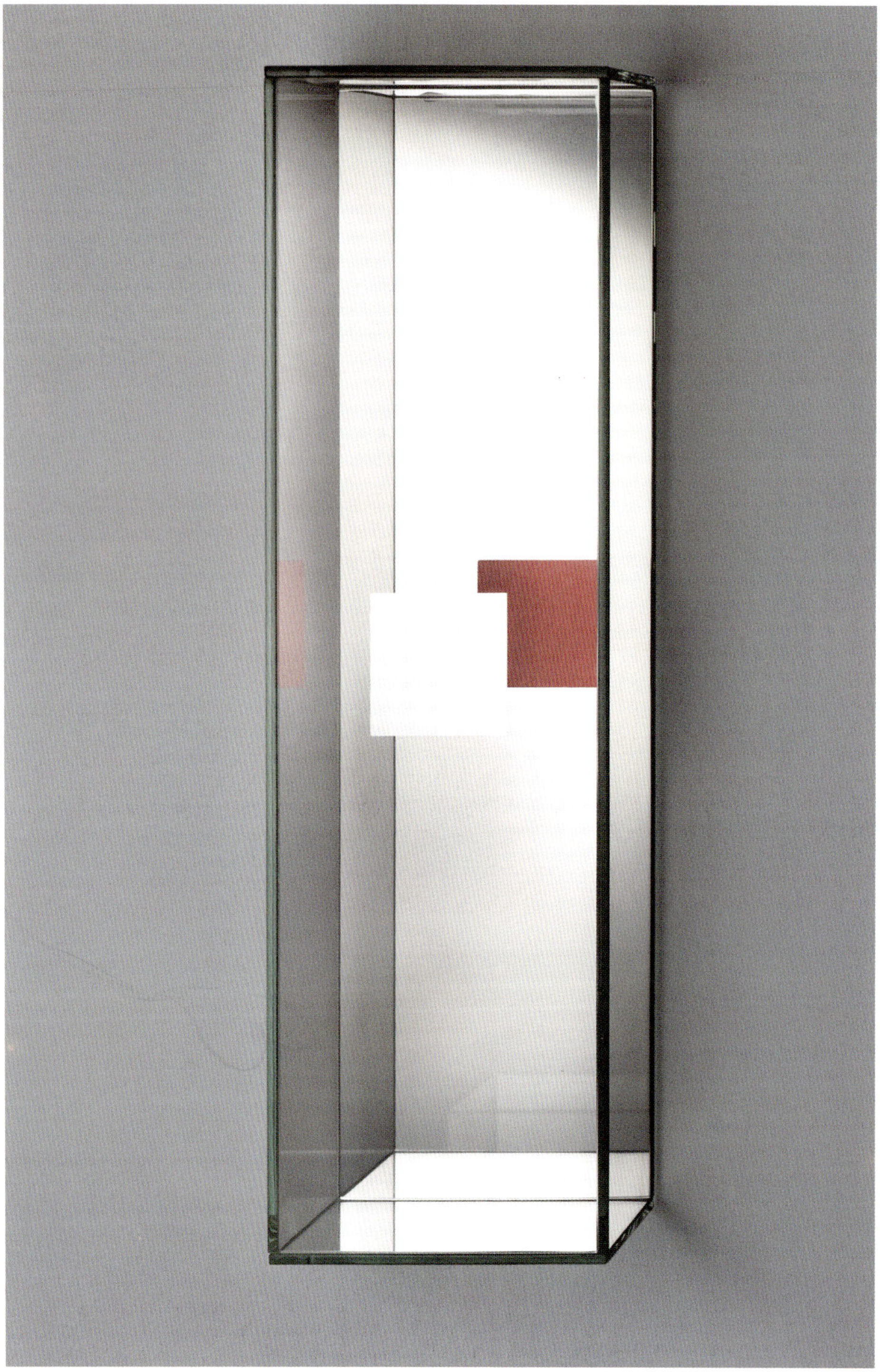

p. 80-81
untitled, 2001

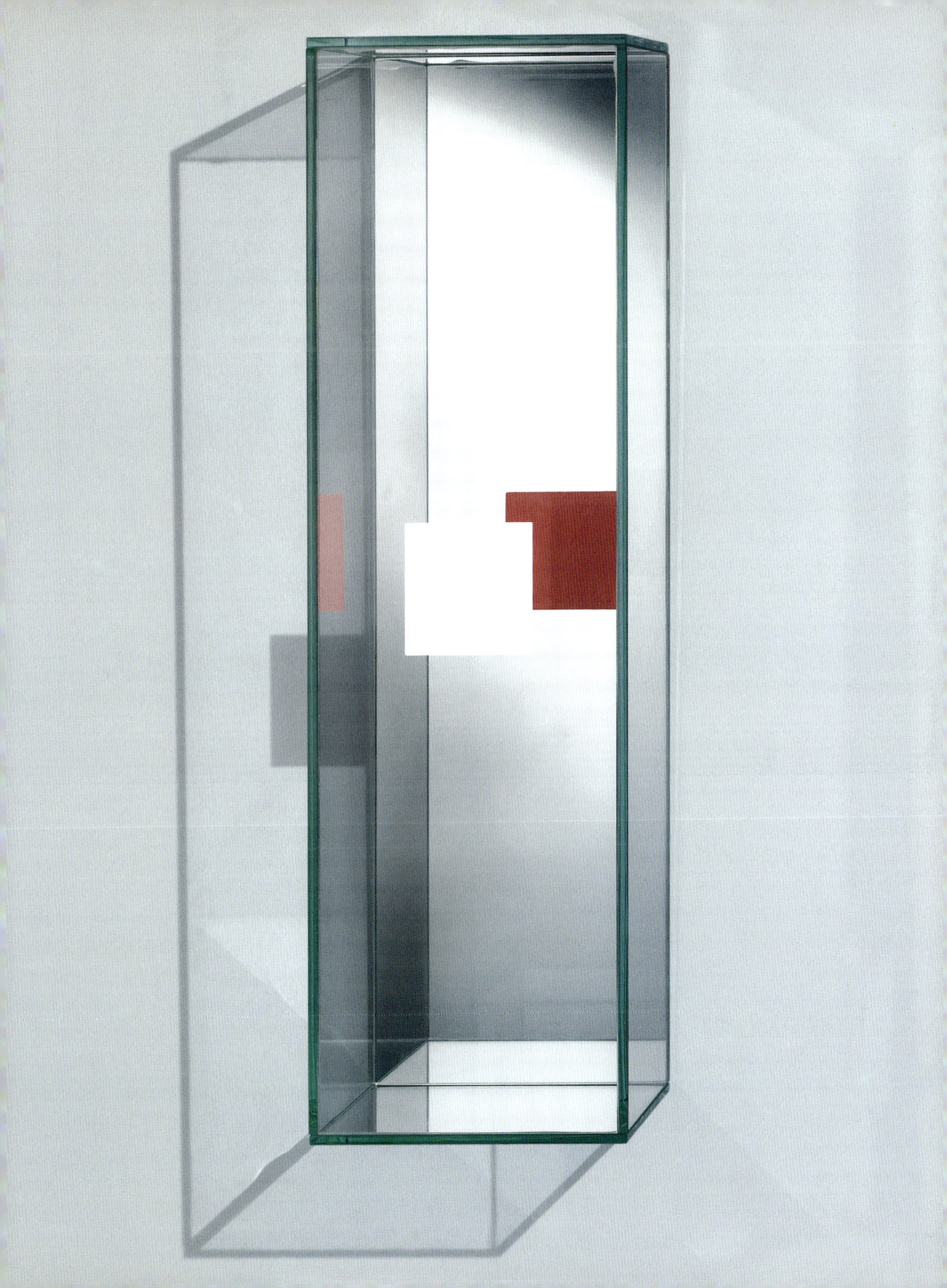

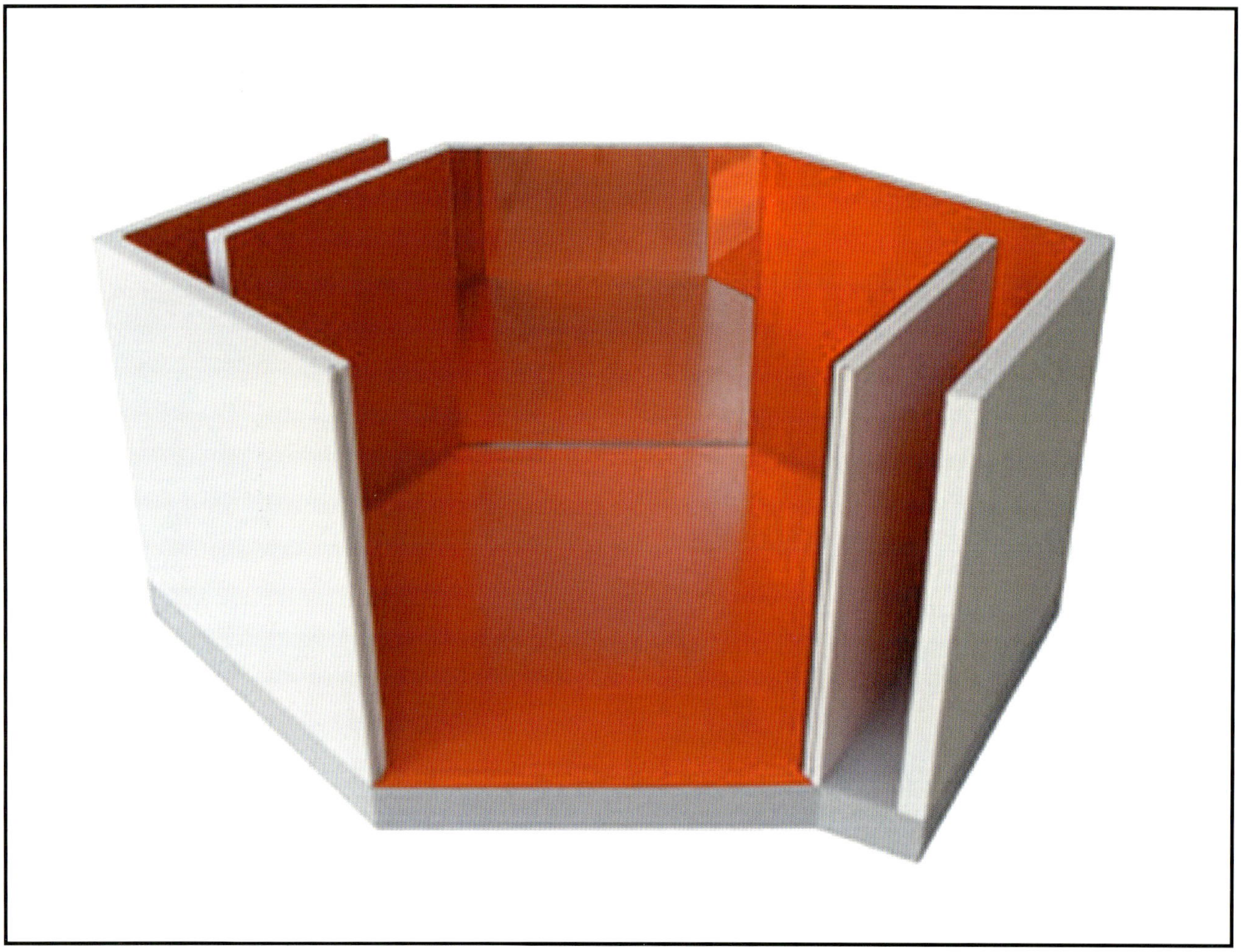

p. 82-83
Stanza Rossa, 2001

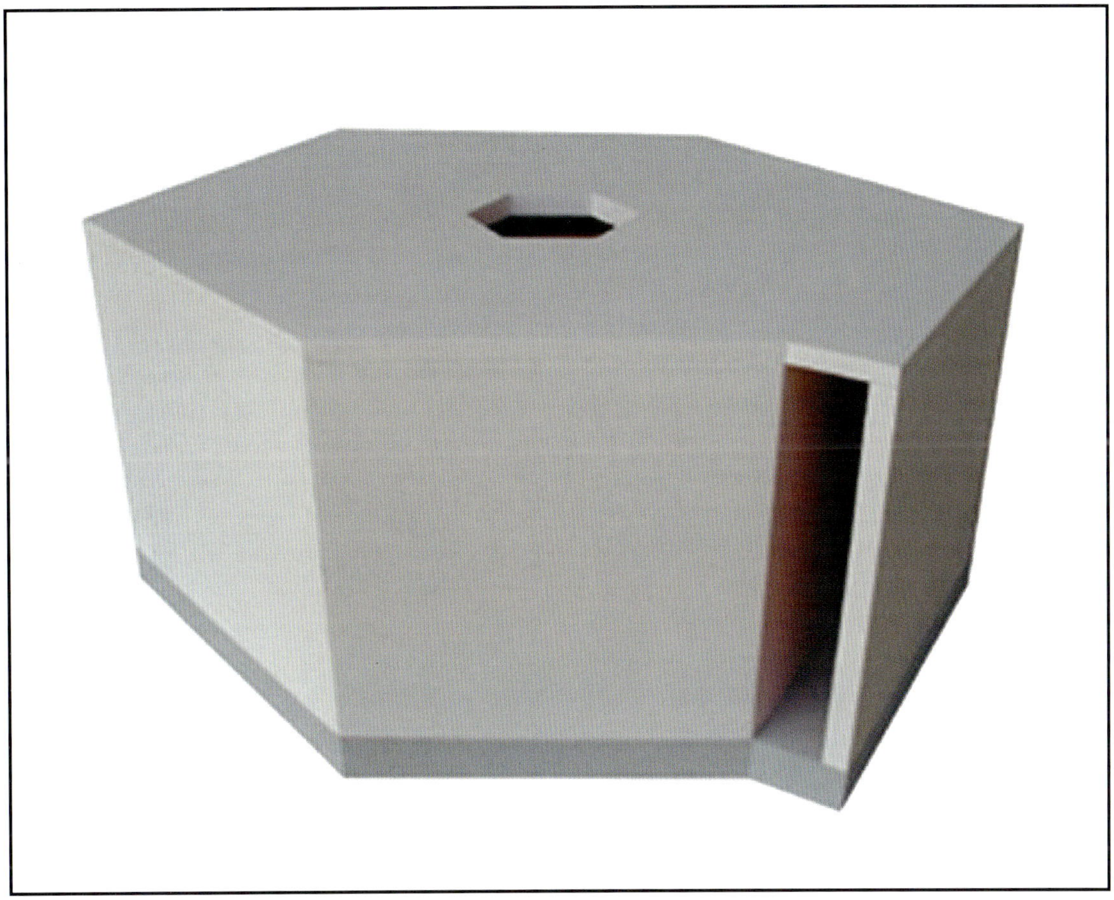

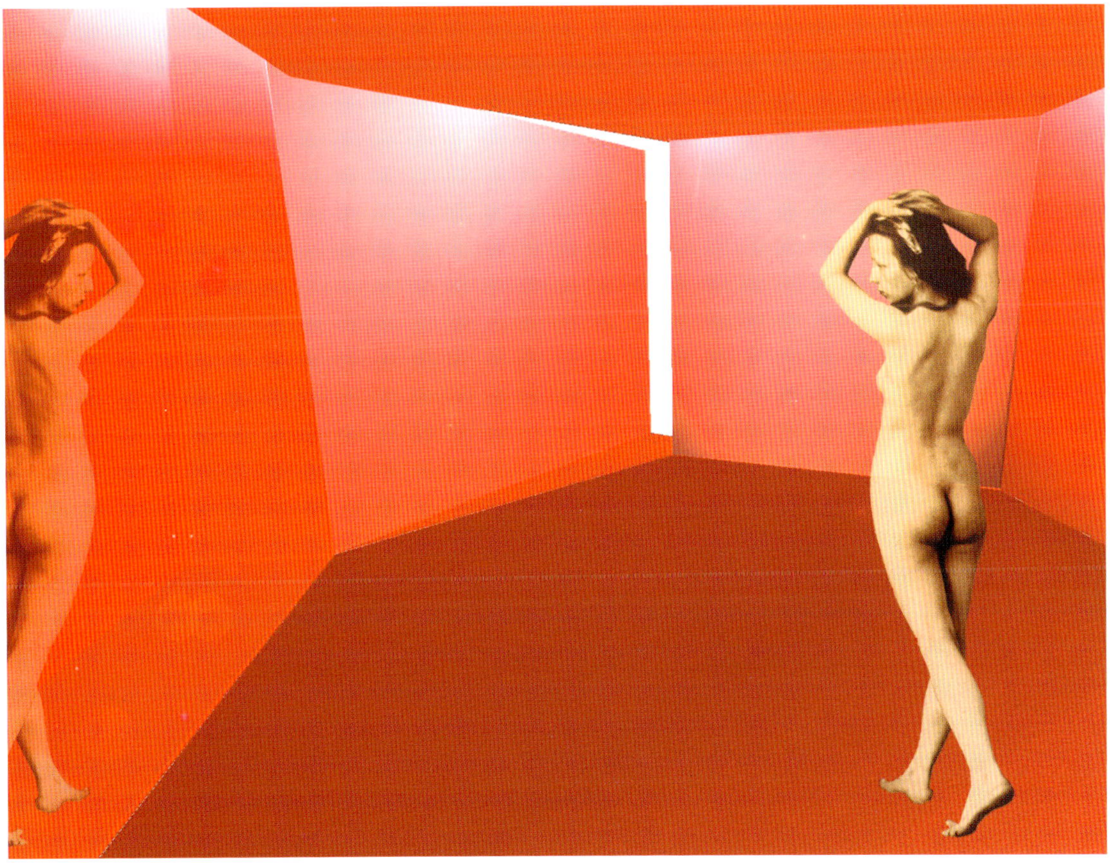

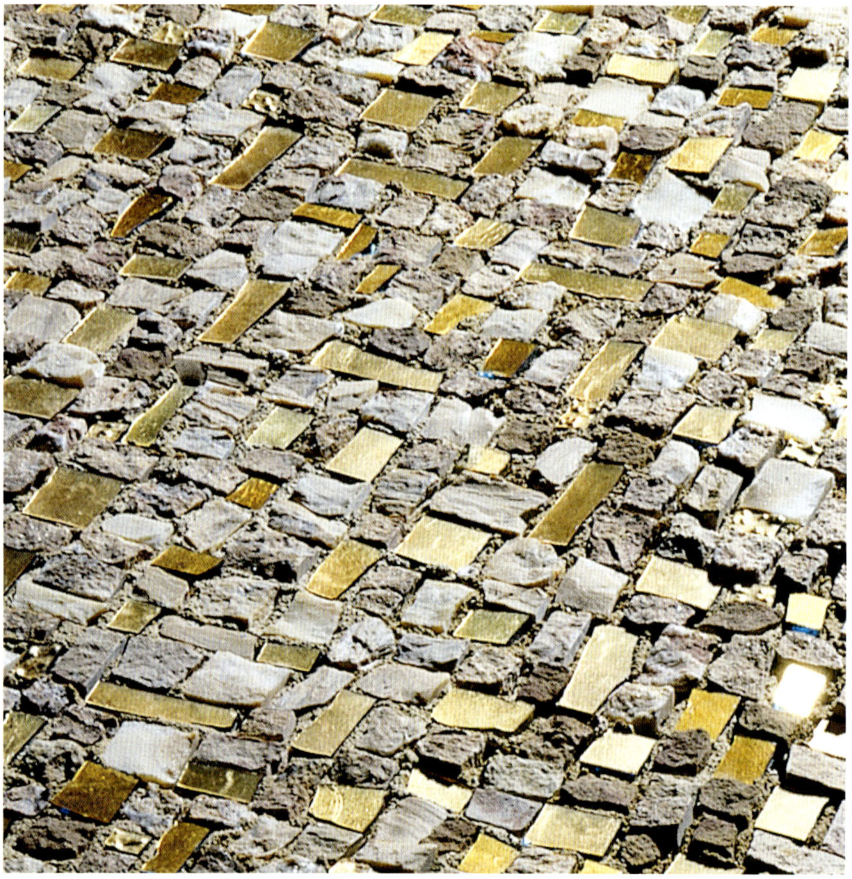

p. 84-85
untitled, 2001

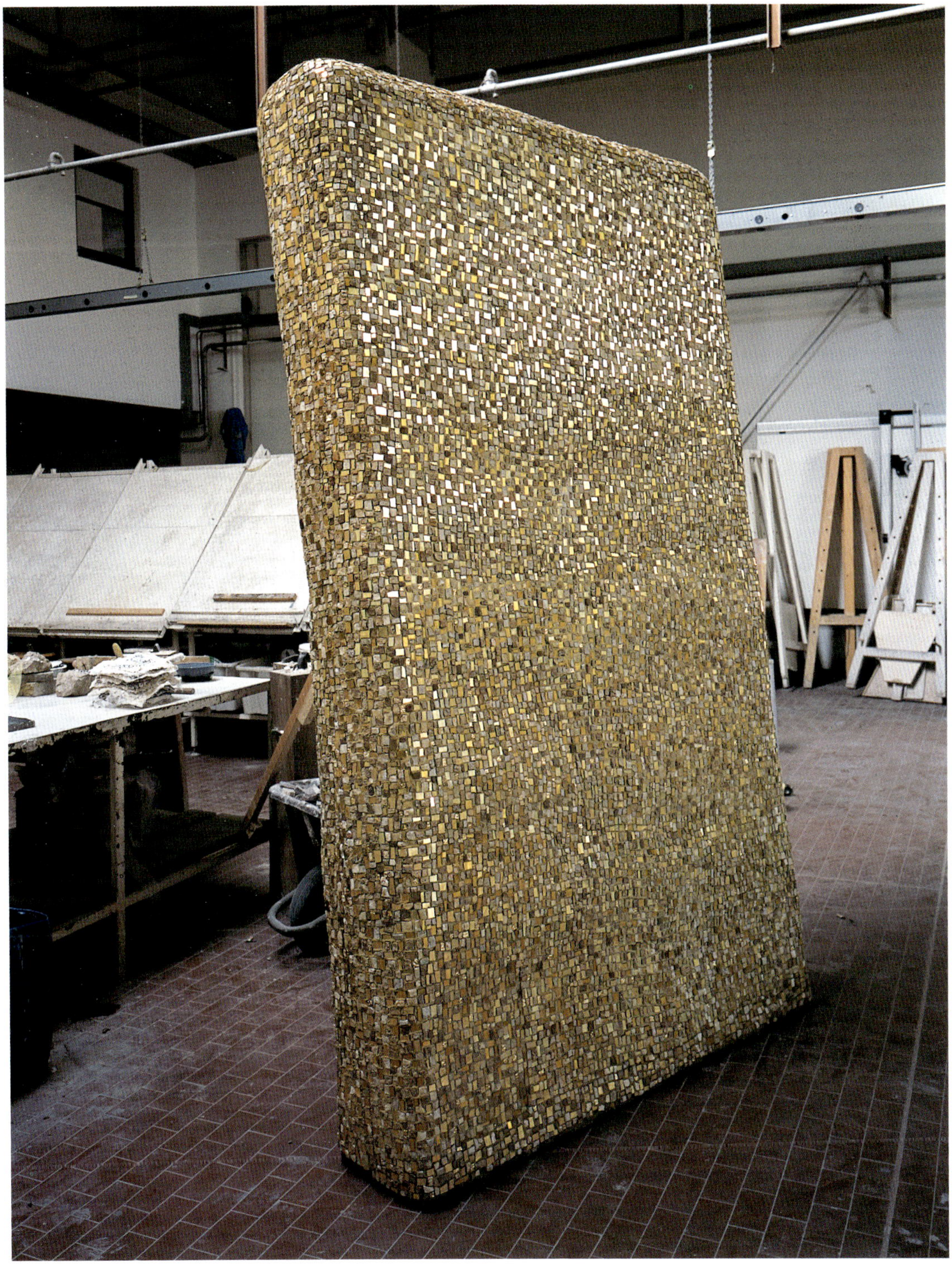

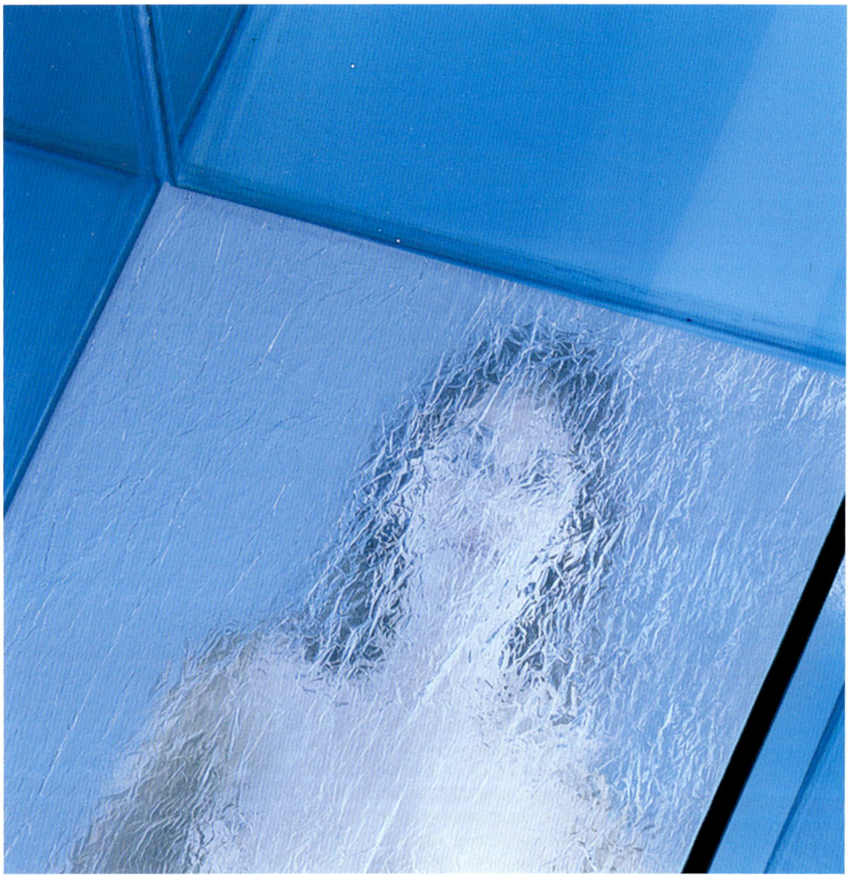

p. 86-87
Pesi Lievi, 2001

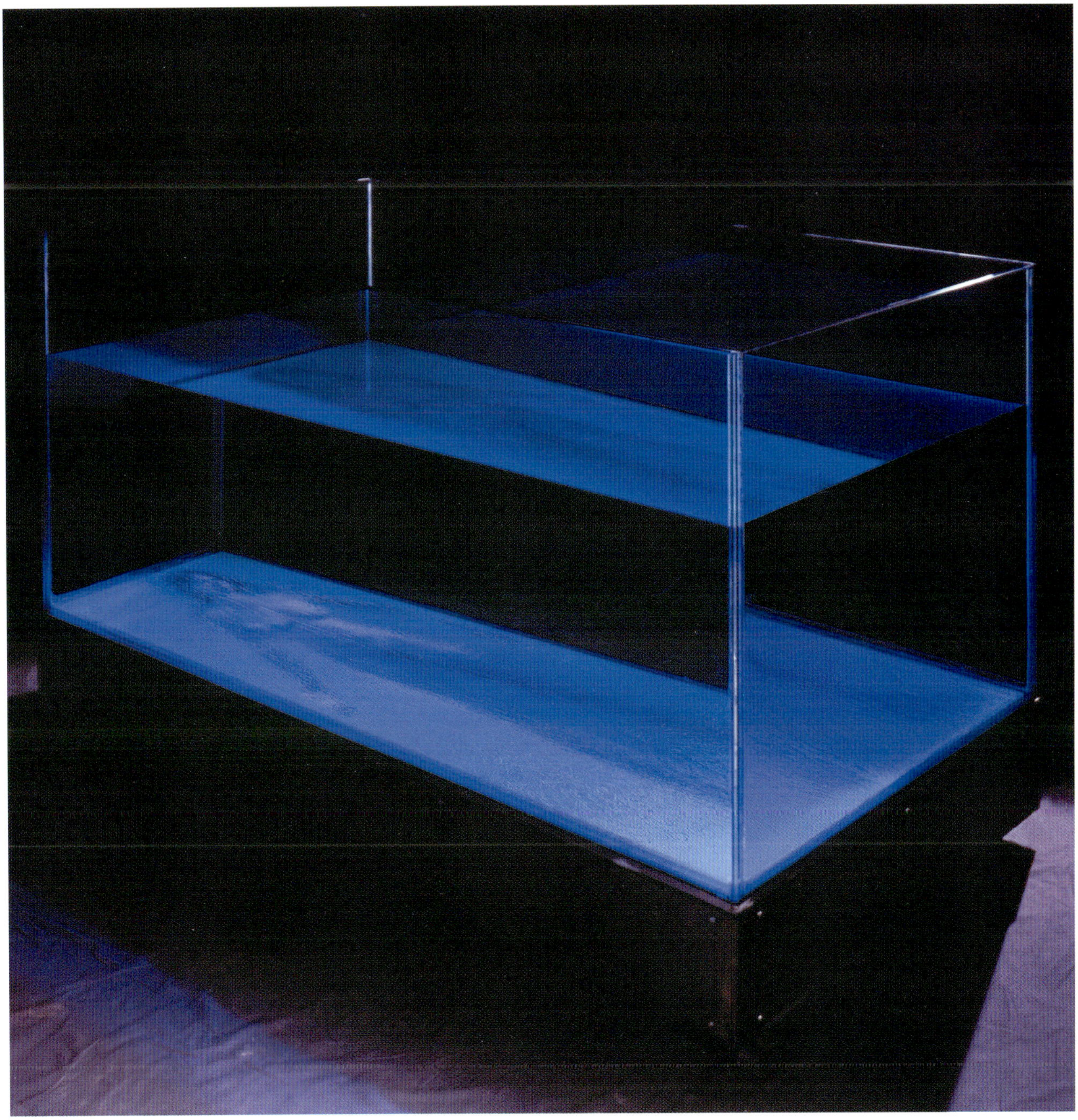

Elenco delle Opere
Werkverzeichnis
List of Works

untitled, 1989
Shaped aperture blocking gallery entrance
Installation detail
Galleria Alberto Weber, Torino
p. 26

untitled, 1990
Resin, sulfur, wax on canvas
Rocca Paolina, Perugia
Courtesy De Crescenzo & Viesti, Roma
p. 34-35

untitled, 1991
Various materials
Installation view
Galleria Fac Simile, Milano
p. 29

untitled, 1992
Marble, porcelain, ceramic, plastic and other materials
Installation view
Musée d'Art Moderne La Terrasse, Saint-Étienne
p. 20, 21, 22-23

untitled, 1992
Porcelain, plastic
Installation view
Gallery Ars Futura, Zürich
Private collection, Lugano
p. 24-25

untitled, 1993
Aluminum
Galleria Pinta, Genova
Courtesy Graziella Levoni, Milano
p. 28

untitled, 1994
Green serpentine and Venetian Marmorino marble
Installation view
Centre International d'Art Contemporain, Montréal
Collection IFIL, Torino
Courtesy Monica De Cardenas, Milano
p. 27

untitled, 1994
Arsenicated Venetian glass
Private collection, Roma
p. 32

untitled, 1994
Velvet, lighting gels from the stage of the Teatro Alla Scala, Milano
Ex-wool factory Bona di Carignano, Torino
p. 36, 37, 38-39

untitled, 1996
Seven elements in azul marble
Installation view
Private collection, Lugano
Courtesy Gallery Cristinerose, New York
p. 30

untitled, 1996
Gold mosaic rended in Byzantine style
120x55x10 cm
Collection Fabio Castelli, Milano
p. 31

untitled, 1996
Alabaster, crystal
Cristinerose Gallery, New York
Collection Kunsthalle, Mannheim
p. 33

Lunedì pulito, 1996
Kites made from wedding dresses and sailcloth
Centre d'Art Contemporain, Genève
Collection UBS, Manno, Switzerland
p. 42

untitled, 1997
Photograph, iron, black wool from chador
Installation view
Galleria d'Arte Moderna, Bologna Collection
Museo MART, Rovereto
p. 41

untitled, 1997
Bridal veil, copper
Installation view
Gallery Samuel Lallouz, Montréal
p. 43

untitled, 1997
Kimono, brass, fabric, kites made of wood, lace and string
Courtesy Monica De Cardenas, Milano
p. 40

Giorni Felici, 1997
American feast clothes and corset sticks
Vocal improvisation by Carla Chiarelli, based on the play *Happy Days* by Samuel Beckett
Collection of the artist
Courtesy De Crescenzo, Roma
p. 66, 67

Limitare i danni, 1998
Clothes with reflectors and copper tubing
Music by Moni Ovadia

Installation view
Galleria No Code, Bologna
p. 45

Il giorno di festa, 1998
Afghan child's clothing, copper
Spazio Bisazza, Milano
p. 44

Alti e bassi, 1998
Various materials with loudspeakers
Voice by Carla Chiarelli
Installation view
Collection Museo Cantonale of Lugano and private collections
p. 46-47, 48, 49

Glances, 1999
Resin, natural pigment
Collection Monica De Cardenas, Milano
Courtesy Georges Fall, Paris
p. 50-51, 52-53, 54, 55

Troppa luce, 1999
Wax, photographs of four places on earth: Wailing Wall, Jerusalem; Queen of Saba Temple, Yemen desert; El Zocalo, México City; skyline, Hong Kong
Private collection, Switzerland
p. 56, 57

Entr'acte, 1999
Venetian glass, ashes, basins with colored water and rags
Performance by Luciana Savignano
Galleria Fumagalli, Bergamo
p. 58, 59

Serendip, 2000
Recycled plastic
Monument made for the City of Milano
Trenno Park
p. 60-61

Blob, 2000
Video projection on wall, plexiglas
200x80x40 cm
Painting and performance by Milena Vukotic
p. 62, 63

Non c'è nulla al di fuori, 2000
Golden iron, kinetic mechanism with projected light
160x50 cm
Collection Kunstsamm Cungen, Weimar
p. 64-65

Peshawar, 2001
Installation view
Santa Maria delle Croci, Ravenna
p. 68-69, 70, 71

Mare della Tranquillità, 2001
Short film with subliminals, in *Novecento. Arte e Storia in Italia*
Scuderie Papali del Quirinale and Mercati di Traiano, Roma
p. 72, 73, 74, 75

Delitto Perfetto, 2001
Clay, resin, glass, photographs by Ettore Lariani
Galleria Dina Carola, Napoli
Courtesy Dina Carola
p. 76, 77, 78

Sei la luce dei miei occhi, 2001
Letters in the ground filled with marriage sugared almonds
Outdoor project
p. 79

untitled, 2001
Glass, mirror, acrylic
Project for Museum Bochum
Collection Museo of Lugano
Courtesy Monica De Cardenas, Milano
p. 80, 81

Stanza Rossa, 2001
Wood, mirror, plastic, neon
Project
p. 82, 83

untitled, 2001
Gold mosaic rended in Byzantine style
Courtesy Museo of Lugano
p. 84, 85

Pesi Lievi, 2001
Crystal, water, projection
Collection VAF Stiftung, Frankfurt
Courtesy Monica De Cardenas, Milano
p. 86-87

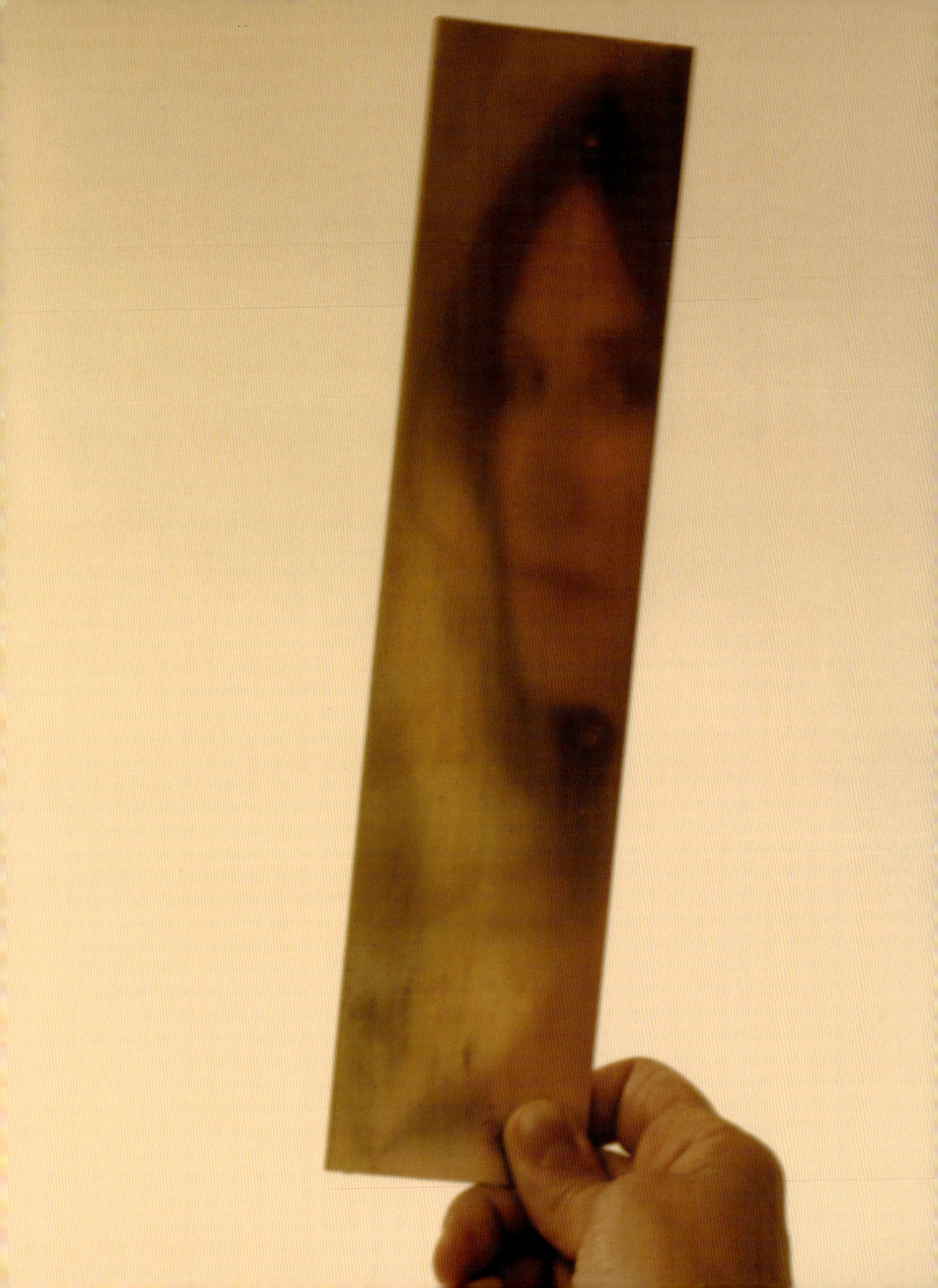

Apparati / Appendix

Finito di stampare nel mese di novembre 2001
da Grafiche Ferrero, Romano Canavese, Torino
per conto di Edizioni Charta